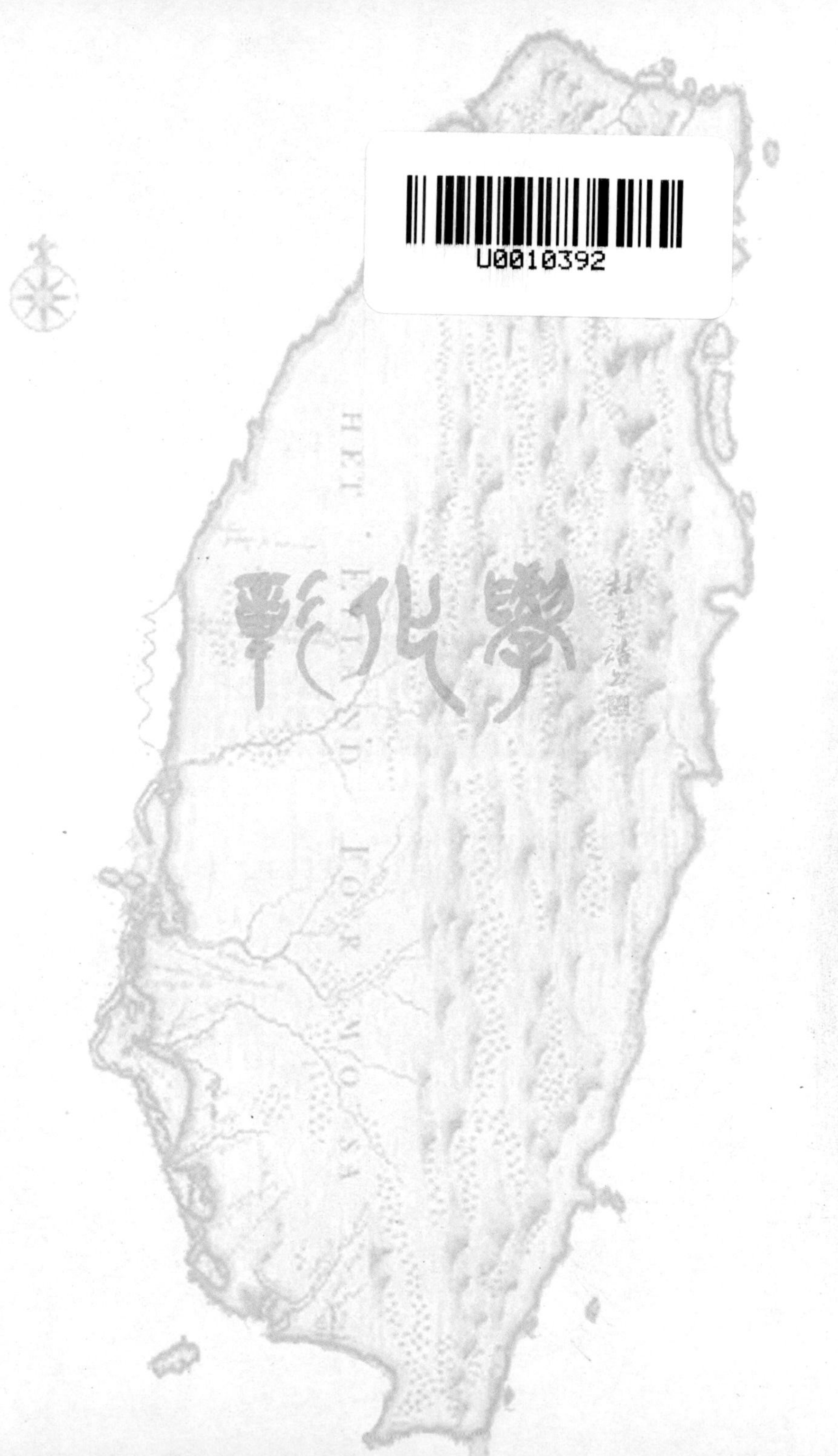
彰化學

彰化學

彰化學 028

畫家圖說彰化

——不破章、張煥彩與彰化畫家

施並錫◎編著

晨星出版

【叢書序】

啓動彰化學
——共同完成大夢想

林明德

二十多年來，台灣主體意識逐漸抬頭，社區營造也蔚爲趨勢。各縣市鄉鎮紛紛編纂史志，大家來寫村史則方興未艾。而有志之士更是積極投入研究，於是金門學、宜蘭學、澎湖學、苗栗學、台中學、屏東學……，相繼推出，騰傳一時。

大致上說來，這些學術現象的形成過程，個人曾直接或間接參與，於其原委當有某種程度的了解，也引起相當深刻的反思。

一九九六年，我從服務二十五年的輔大退休，獲聘於彰化師大國文系。教學、研究之餘，仍然繼續台灣民俗藝術的田調工作。一九九九年，個人接受彰化縣文化局的委託，進行爲期一年的飲食文化調查研究，帶領四位研究生進出二十六個鄉鎮市，訪問二百三十多個飲食點，最後繳交《彰化縣飲食文化》（三十五萬字）的成果。

當時，我曾說過：往昔，有一府二鹿三艋舺的符碼；今天，飲食文化見證半線風華。這是先民的智慧結晶，也是彰化的珍貴資源之一。

彰化一帶，舊稱半線，是來自平埔族「半線社」之名。清雍正元年（1723），正式立縣；四年（1726）創建孔廟，先賢以「設學立教，以彰雅化」期許，並命名爲「彰化縣」。在地理上，彰化位於台灣中部，除東部邊緣少許山巒外，大部分屬於平原，濁水溪流過，土地肥沃，農業發達，有「台灣第一穀倉」之美譽。三百年來，彰化族群多元，人文薈萃，並且累積許多有形、無形的文化資產，其風華之多采多姿，與府城相比，恐怕毫不遜色。

二十五座古蹟群，各式各樣民居，既傳釋先民的營造智慧，也呈現了獨特的綜合藝術；戲曲彰化，多音交響，南管、北管、高甲戲、歌仔戲與布袋戲，傳唱斯土斯民的心聲與夢想；繁複的民間工藝，精緻的傳統家具，在在流露令人欣羨的生活美學；而人傑地靈，文風鼎盛，舊、新文學引領風騷，成果斐然；至於潛藏民間的文學，既生動又多樣，還有待進一步的挖掘與整理。

這些元素是彰化的底蘊，它們共同型塑了「人文彰化」的圖像。

十二年，我親近彰化，探勘寶藏，逐漸發現其人文的豐饒多元。在因緣俱足之下，透過產官學合作的模式，正式推出「啓動彰化學」的構想。

基本上，啓動彰化學，是項多元的整合工程，大概包括五個面相：課程設計結合理論與實際，彰化師大國文系、台文所開設的鄉土教學專題、台灣文化專題、田野調查、民間文學、彰化縣作家講座與文化列車等，是扎根也是開拓文化人口的基礎課程，此其一；爲彰化學國際化作出宣示，二〇〇七彰化文學國際學術研討會聚集國內外學者五十多人，進行八場次二十六篇的論述，爲彰化文學研究聚焦，也增加彰化學的國際能見度，此其二；彰化師大文學院立足彰化，於人文扎根、師資培育、在職進修與社會服務扮演相當重要

角色，二○○七重點發展計畫以「彰化學」爲主，包括：地理系〈中部地區地理環境空間分析〉、美術系〈彰化地區藝術與人文展演空間〉與國文系〈建置彰化詩學電子資料庫〉三個子題，横向聯繫、思索交集，以整合彰化人文資源，並獲得校方的大力支持，此其三；文學院接受彰化縣文化局的委託，承辦二○○七彰化學研討會，我們將進行人力規劃，結合國內學者專家的經驗與智慧，全方位多領域的探索彰化內涵，再現人文彰化的風貌，爲文化創意產業提供一個思考的空間，此其四；爲了開拓彰化學，我們成立編委會，擬訂宗教、歷史、地理、生物、政治、社會、民俗、民間文學、古典文學、現代文學、傳統建築、傳統表演藝術、傳統手工藝與飲食文化等系列，敦請學者專家撰寫，其終極目標乃在挖掘彰化人文底蘊，累積人文資源，此其五。

彰化師大扎根半線三十六年，近年來，配合政策積極轉型爲綜合大學，努力參與社區總體營造，實踐校園家園化，締造優質的人文空間，經營境教，以發揮潛移默化的效果，並且開出產官學合作的契機，推出專案，互相奧援，善盡知識分子的責任，回饋社會。在白沙山莊，師生以「立卦山福慧雙修大師彰師大，依湖畔學思並重明德化德明。」互相勉勵。

從私立輔大退休，轉進國立彰師大，我的教授生涯經常被視爲逆向操作，於台灣教育界屬於特例；五年後，又將再次退休。個人提出一個大夢想，期望結合眾多因緣，啓動彰化學，以深耕人文彰化。爲了有系統的累積其多元資源，精心設計多種系列，我們力邀學者專家分門別類、循序漸進推出彰化學叢書，預計每年十二冊，五年六十冊。並將這套叢書獻給彰化、台灣與國際社會。

基本上，叢書的出版是產官學合作的最佳典範，也毋寧是台灣學的嶄新里程碑。感謝彰化縣文化局、全興、頂新、帝寶等文教基金會與彰化師大張惠博校長的支持。專業出版社晨星的合作，在編輯、美編上，爲叢書塑造風格，能新人耳目；彰化人杜忠誥教授，親自題寫「彰化學」三字，名家出手爲叢書增色不少，在此一併感謝。

回想這套叢書的出版，從起心動念，因緣俱足，到逐步推出，其過程眞是不可思議。

「讓我們共同完成一個大夢想吧。」我除了心存感激外，只能如是說。

・林明德（1946～），台灣高雄縣人。國立政治大學中文博士。現任國立彰化師範大學國文學系教授兼副校長。投入民俗藝術研究三十年，致力挖掘族群人文，整合民俗藝術，強調民俗是一切藝術的土壤。著有《台澎金馬地區匾聯調查研究》（1994）、《文學典範的反思》（1996）、《彰化縣飲食文化》（2002）、《阮註定是搬戲的命》（2003）、《台中飲食風華》（2006）、《斟酌雅俗》（2009）。

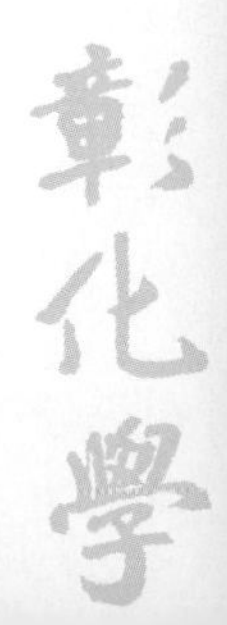

【編著者序】

傳承・深根・開創

施並錫

文化是國家社會的根本，扎根深穩，莖幹枝葉自然茂密生意盎然。文化之深度，攸關國家社會之興隆；文化的傳承則牽連國族精神及意志的延續。

每當看到張煥彩、藍蔭鼎、李石樵等老一輩台灣美術家筆下之台灣圖像或風物誌，輒想到百年來台灣延續著先人篳路藍縷以啓山林的拓荒精神與意志；本著誠正、勤奮、樸實的精神，創造傲人的經濟奇蹟。唯自從經濟起飛後，山川日漸變色，淳樸民風消褪。國人常把負面願景當成希望，錯轉爲無可自拔地對名利、權位的追逐，卻換來富裕後的空虛心靈，盲目生活。執政當局蓄意降低人民心靈及思維層次、文化品質，在一切以選舉勝算的考量下，瞻「錢」而不顧全大局的建設，衍生了種種衰竭與破壞。整個社會充斥向錢和權看的功利主義，進而集體性的心靈外馳，放縱於物慾的亂象裡。

社會上種種反常現象與錯誤價值觀，正腐蝕著國人的心靈，漸次摧毀我們的家園。我們一定要抓穩自己的根，一切從定根做起，找回咱們的傳承精神——誠正、勤奮、樸實。透過尋根，才能催生台灣新人文主義運動。以再生的台灣精神，創造固本與前瞻、本土與國際兼顧的台灣新文化。欲達成此目標，其前置階段就是在地歷史，乃至國族主體性文化之認同。

「社會」一詞，涵蓋政治、經濟、文化、意識、風俗民情、環境生態等等，廣義則爲時間和空間、大地和歷史之總和。我們不能否認，國人的大地、歷史意識一向薄弱，不少人

不知大肚溪與貓羅溪的關聯，也不知濁水溪的重要性，更不明白我們與平埔血緣、文化的關係。故而愛土意識淡然，「淡薄」轉為無情無義。

大地，是深耕扎根的憑藉處，是母親的化身及象徵。自古以來，無論東西方，大地均被視為孕育萬物之母，眾生無法脫離或背叛。彰化地區是我們的家鄉，正是我們的「大地」。彰師大林明德教授暨作家康原先生的策劃，所推的「彰化學」，是一門向大地、歷史學習，並且也讓家鄉人士學習——富藏人文精神及歷史地形學價值之學問。於此關鍵時刻，「彰化學」擔任賡續傳承文化、文化深根、開創新人文主義之有力角色。其所涉及之層面寬闊，且對每個領域皆能作深入探討。吾人對其努力推動台灣新文化之努力，充滿著景仰與期待。

筆者有幸承蒙彰化學編輯委員會邀約，前後發表關於張煥彩與不破章兩位藝術家之作品研究論文兩篇，連同《美術創作之大地、歷史意識》一文合輯付梓，於此謹銘至深謝忱。

筆者之所以撰文闡述張煥彩與不破章兩氏其人與其畫，係基於美術發展與文化相同，需有傳承、積累和扎根的觀念。此外，更鑑於今日社會各界普遍欠缺人本倫理觀——這是一種完全別於威權倫理觀，發自良知良能仁心之倫理觀。

人本倫理觀是人文價值觀的一種。人文價值觀產生於創造性生活上。蓋創造是幸福和自由的基礎，在自我實現的創造性生活中，人一定能找到自我，找到所有與環境、人、事、物溝通聯結的管道和要領，以及對話的能力。這是因為自我生命力的擴張和深化，過程中我們自然而然地有了「萬物靜觀皆自得」的潛能。於是乎「日日是好日」地心中充溢著愛與感恩之心生焉，人本倫理觀得以建構。

張煥彩先生早年以優異成績畢業自師大美術系，為筆者

之大學長。一九六〇年代任教於員林中學，又爲筆者之授業師長。他任教彰化地區數十年，培育了不少藝術人才，是位難得的藝術教育者。煥彩師具有誠正勤樸之台灣精神，寡言仁慈，教學認眞。在創作上早露頭角，秉持「心中有愛，處處皆可入畫」的信念，創作不輟，直到生命最後時刻。其畫作如其人，展現「日日是好日」的正向生命態度。筆者與不少同好咸認爲張氏其人其畫，堪作藝界瑰寶，足爲後學效法。

關於日籍畫家不破章氏之闡述，係因筆者景仰一位外國人士無分別心地表現了對台灣的感情與愛心。尤其經常落腳彰化地帶以彰化爲題材，創作永恆圖像無數。這些作品更是彰化地帶，與台灣歷史、人文遞嬗的見證，無華的用筆用色，至誠且貼切地表現出台灣內在性格、彰顯於外的民情風貌，表達了台灣人民的勤勉踏實。

値得特書者是，當其行腳彰化地區時，與張煥彩等多位本地畫家長期以畫會友式的互動，互相激盪後開出不錯的花朵。不破章氏之人格、風範及繪畫造詣，均獲得本地人士之讚佩。而本地人士之善良熱情，亦令不破章氏有賓至如歸的感覺，終願把大量心血畫作留在彰化，譜成了一九七〇年代藝壇一段佳話。

如此至情至美之心靈互動，就是人本倫理觀建構之充分條件。

本書亦收入筆者關於大地、歷史意識之文章，從對玉山的認識與表現，說到土地、生態倫理的重要。一言以蔽之，即對我們所居住之土地家園，須懷感恩圖報之心。尤其對哺育我們的彰化家園，更須深深瞭解。筆者透過美術繪畫面向，探討彰化的變遷，傳達彰化的美好。希望經由彰化學，把重建台灣人本倫理觀、新人文精神的微薄聲音流傳出去，共同努力找回正向台灣精神，建構健全正常社會。

【目錄】contents

美術創作的大地與歷史意識

施並錫

一、前言

藝術家是主體生命的闡釋者。體驗是以敏銳微細的情感，把握生命的價值與意義。人之異於其他生物者在於人能領悟生命自身及所賴生存之大地世界互動的意義。人可以把自己的意志和意識，融入生活中的所觸對象中。人不但活著，也知道（或應知道）為什麼而活。人不但活在物質世界，也活在精神世界。此處「世界」，乃指寰宇間吾人之生命寓所，而非單指客觀的世界。

對世界大地的「體驗」，層次高於「經驗」。「經驗」的目的在認知世界，它與生命並非直接緊密相關的。「體驗」是瞭然生命的種種，包括無常，「原始反終」，看清外相包紮下的本質，深切探索心理活動，情感與大地世界之合而為一，物我合一的靈妙，達「萬物靜觀皆自得」的神會參悟一切。

海德格認為須透過「領會」、「思」、「視」、「透視」等概念揭示生命體驗與生命的關係。人唯有經由「領會」才能把握世界存在的意義。[1]「體驗」超乎感官知覺與理性思維，它屬於心靈境界，是直指人心、明心見性的澄明境界，它能深切把握生命情感。生命體驗可以說是刻骨銘心的經驗，也是香醇濃郁得苦澀的經驗。詩大序的一段文字，或可形容這種濃郁

1 《存在與時間》中文版，1987年大陸三聯書店出版，海德格原著。

▲ 施並錫〈八卦山大佛〉。

的生命經驗——是主體直接體驗，而不是由網路資訊的間接體驗，《詩·大序》曰：「詩者，志之所之也，在心爲志，發言爲詩。情動於中而形於言，言之不足故嗟嘆之，嗟嘆之不足故詠歌之，詠歌之不足，不知手之舞之，足之蹈之也。」

志，即情也。藝術世界就是人類「志」與「情」放肆流露的表現世界。藝術創作是「表現人類志與情流洩的方法與形式。」唯有認眞的體驗，才能眞實地掌握住眞摯的志與情。

唯有認眞生活，並持「民胞物與仁民愛物」及「無緣大慈同體大悲」的心懷，才能體驗生命的意義。藝術家的體驗靠的是將日常生活從實用和認識的世界孤立起來，使之成爲具有意義的世界。藝術家所體驗到的絕非僅僅是對象的認知意義或名相意義，而是對象的情感表現性（Expression），以可令人引起感動的形式及符號語彙而表達之，呈現人類生活的內在及外在世界交互流通的關聯性。藝術——在揭示生命內在意義和人生之謎。

藝術家的敏銳、學養和個性，使之比一般人更有深入的生命體驗，更有辦法在平凡事物中發現事物中不平凡的特性。而藝術家的體驗方向也形塑了其作品之特性與風格。吾人認爲創作人應有痛苦、偉大崇高、孤獨、愧疚、贖罪、恐懼、尷尬、害怕、抑或遁世，擁抱大自然的種種體驗。創作人應觀察且記憶一切生活經驗與印象，當然也包括知識性的東西。藝術家要耳聰目明具慧心把現實的豐富及多采多姿印入心坎裡。莫泊桑也說過文學家必須「無所不看，無所不記」，如此的生活經驗才能累積豐富的創作素材。

凡個人之體驗皆離不開具體的社會實踐和關係，也必須融入他所處的社會特點及文化傳統等等。也唯有積極參加社會關懷，參與利益眾生之事，熱愛眾生及大地，才能創造出飽融眞

實生命體驗之眞誠作品。

藝術表現和生命直接相關的事實，與人類存在的問題，故「藝術家只有在和社會相關互動時才存在」，這一句話係筆者延伸巴爾扎克之語：「個人只有在和社會相關時才存在。」

所謂社會涵蓋政、經、文化、意識、風貌等等；廣義則指時間和空間、大地和歷史之總和。

二、大地意識母親的象徵

大地，其實就是母親的化身及象徵。本土詩人吳晟先生有首〈泥土〉的詩，很清晰地把泥土和母親的意象結合起來。他強調母親用一輩子的愛去灌溉泥土，每一寸泥土都含有母親的愛心和生命。

泥土便是大地。自古以來，不分中西，大地均被視爲孕育萬物之母，眾生無法離開或背叛大地。然而，近世的科學發達，卻讓人類增加許多傲慢。人類錯以爲人定勝天，並能征服大地。

十九世紀以來，哲學家（如尼采）帶頭宣告上帝已死。人類自以爲能取代上帝，哲學更直接指涉人生本身，從上天移到人間。人類企圖掙脫超自然力量的枷鎖，左派的黑格爾信徒費爾巴赫認爲「置無限於有限之中」——把人類，而不是神，擺放在意識的中心。如果人類去除宗教神化，必能獲得自由，也可以獲得潛能。於是人類開始堅持「人定勝天」，忘記了「謙沖、謙虛」，也漸漸忘卻對大地與自然的感恩。

人類愈來愈習慣於對大地無情的開發與破壞，以爲本來就可以如此，遂對大自然展開毫不留情的蹂躪。人類自以爲已經取代了昔日神的地位，當然宗教情操日漸淡薄，宗教信仰隨

之失落；科學使天國概念喪失甜蜜感和吸引力，來生的重要感大大減淡，人們咸信死亡等同於一切俱不存（佛家稱此爲斷滅見），這種恐懼死亡後一切俱毀的心態助長非理性的抬頭，當大多數人民認定「生命只有今世」時，大地意識必然遭受空前未有的摧殘。

二十世紀的台灣，主客觀形勢及政、經因素使得台灣這塊原本舉世稱羨的寶島，遭到非常嚴重「天人合一」式的破壞——天災、人禍合而爲一的大破壞。島嶼子民對土地沒有愛心，對大地不懷感恩，對自然不存敬畏，於是青山消失，綠水無蹤。

二〇〇〇年八月二十九日，自由時報十八版報導李遠哲一則談話內容；便知寶島大地在全球工業化及台灣經濟掛帥的政策下，已經被戕害得到了非改弦易轍不可的程度了。李遠哲〈新文化人應有的態度〉說：

……地球資源在人類的耗用下，已從無限變成有限，生態破壞與人類永續生存問題是新時代最嚴重的課題……。二十一世紀的地球觀將有很大的改變，過去人類以爲地球資源無限，過度消耗，人類已面臨能源困境。爲趕上歐美先進國家，開發所產生的二氧化碳和污染，非台灣之森林大地所能負荷。台灣不應處處學習西方國家，應反省自身環境條件是否合理發展。

這段話，是以一個有良知的科學人的立場，懷著愛土地的「大地意識」之肺腑之言。文化人及科學人都是社會文化工程師，他們扮演著社會纖維的角色；藝術文化人更應該有堅強的大地意識，做爲創作的精神基礎。

提到大地（The Earth），在台灣有「台灣黑熊研究之母」之稱的黃美秀小姐，於二〇〇一年元旦之台視夜間新聞〈秀秀與熊熊〉的節目裡，有感而發地說：「台灣人與土地的關係淡

▲ 施並錫〈溪湖糖廠〉。

薄，與土地之距離很遠。」

所謂土地，就是大自然。由上述兩位學者談話內容，知道台灣人民須被再教育以大地意識，才能作好全國生態環保之工作。

大地，表面意涵乃是自然，也就是海德格所認爲的：「人類所棲居的基礎就是大地（The Earth）。」[2]然而「大地」之廣義解釋應超過對物質自然界之涵義。海德格又說：「大地一詞的涵義與關於沉積在某處的物質團塊無關，同時與一顆行星的天文學觀念也無關。大地是庇護萬物，且產生萬物的所在地。」[3]

大地，是萬物及自我存在的保護場所。沒有大地，一切將失去根基，必然陷入無家可歸的慘況。大地與萬物與自我存在互動，才可產生意義和情緒上的聯繫。大地不是冷冰冰的物質對象，是一所溫暖、有生命的生靈故鄉，若離開這所精神故鄉，吾人必在精神上重蹈吉普賽人無家可歸的命運。

俗話說：「百般武藝，不如鋤頭掘地。」這裡的掘地，意指愛心地接觸大地而非破壞大地。

（一）以大地爲主軸

法國文史家泰納（Hippolyte Taine，1828～1893）認爲文學作品的產生，深受種族、環境、時代三個條件的制約。不只文學，任何藝術都是如此。一般對藝術的詮釋，廣義係「凡是含有技巧及思慮的活動及其製作，皆稱爲美術。」狹義則是「含有美的價値，根據美的原則或吻合美的原則的活動及其活動的產品，透過這產品表現創作者的思想和感情，並予人以美

2　同註1。
3　同註1。

的感受，稱之爲藝術。」藝術是人類文化的一部分，涵蓋人生界與自然界，以及社會、心理、歷史、政治、宗教、哲學等等成分。它應以人爲本位表現出來的精神產物，龔姆布列克（Gombrich）在其《藝術與錯覺》的書中指出：「繪畫藝術是一種畫家和世界萬物聯合爲一的具體行爲。」美術工作者理所當然把個人的創作與生活周邊的一切人事物結合，於此提出以下三點，這三點也是前章節所說「生命體驗大地意識」之延伸。

第一點：生活周圍流變遷移不止的存在問題

史懷哲說：「一個自稱人的人，都必須在爲自己而創造的反省的世界觀中，發展出自己的人格，或發展作品的風格。」[4]

注視現實生活而轉化爲創作題材的例子，吾人可由傑克梅第、英國的培根、美國的里昂・格魯勃（Leon Golub）或墨西哥的迪雅哥・里維（Diego Rivera，1886～1957），芙麗達・卡蘿（Frida Kahlo，1907～1954），美國一九八〇年代的艾略克・費瑟（Eric Fischl，1948～）等名家作品中看出來。

第二點：強調在流嬗環境尋根與人文精神

吾人可選擇在現代生活中，熟悉的，切身的，不可缺少的人物、事件、環境情節作爲主題，後現代時期的當代藝術主張不只是追求絕對性；超越性的審美價値，而是探究當代人生活、思想的「根」及「本」、「質」及「源」，當然也包括「相」與「貌」。

4　史懷哲原著，《文明的哲學》，新潮文庫，志文出版社，第76頁。

此時代的創作者，不必然要追求劃一性的理想與聖哲般的教條抱負，當代人必須活得實在自主，並應接納多元性、無差異性；無分別心的生命價值觀。美國人類文化學家Clyde Kluckholn說：「在人類學上，文化是一民族、一群體的生活型態之總稱，是個體從所屬的群體所承繼的社會遺產。換言之，文化是人們在其生活環境中所承繼及所創作出來的生活型態。」[5]

繪畫是文化的一部分，吾人認同繪畫是人們在生活環境中繼承創作出來的生活及精神型態。

第三點：強調自我創造之直接根源於大地的重要性

隨時抓住生活中的題材與感動，不過分強調事物的外相，相信並堅持「窳拙的創意，遠勝於因循的唯美。」如前段文章曾提出，「用一輩子的愛心灌溉這塊土地。」儘管表現方法嫌拙，卻隱含了一片赤誠。

黃美秀（台灣黑熊研究之母）在一個被採訪的節目中，語重心長地表示，「台灣人民離土地太遠，自家後院一大堆寶藏，被國人視若無睹，卻蜂湧聚集排隊去看國王企鵝與無尾熊等外來動物。」[6]

我們應該充分了解一下，吾人住處的前後左右上下院，到底被國人忽視的寶貝有多少？

人類，應該關心所處的大地，疼惜並信賴它，所謂「當方土地當方靈」也。由於對土地價值的關心，本土詩人吳晟夫妻兩人直接加入一連串的社會改革運動中。他認爲要拯救台灣生態環境，抵抗資本全球化對土地與文化價值的破壞，唯有透

5　王秀雄著，《美術與教育》第115頁。
6　台視夜間新聞，（秀秀與熊熊）特別報導，2001年1月4日。

▲施並錫〈二水龍仔頭山〉。

過政治方能以致之。吳晟先生認爲一九九〇年代以來，土地資本化、自由化的問題愈來愈嚴重，卻無一政治人物以土地爲重心，深入追蹤研究並提出政策。既然在政治領域找不到切入點，那麼就應該透過文化、藝術或教育了。

台灣已然是全球化程度極深的世俗場域——縱容富裕的社會。我們面對著的是庸俗化、功利主義之快節奏現實世界，藝術家既持淑世入世觀，就必須抱持積極的態度來觀察及觀照我們家園的前、後院狀況。

電子資訊及網路的時代，電腦及電子通訊和四通八達的高速公路，象徵一九九〇年代文明大地的「隱匿現象」與「流遞現象」，跟吳晟先生理想中的農業大地之踏實生活是大異其趣了。出現了隱匿現象，現代人透過科技產品進行通聯及交誼，乃至於交易（甚至援交）。人類可以不必面對面地交心或交信，顏容表情閃一邊，漸漸形成人情淡薄的假面社會。人類社會，有形或無形的結構有大部分端靠人間情分。人情變淡，約束力減弱，則助長綱紀五倫，道德倫理的流失，當然土地倫理也流失掉了。流失掉了人類對大自然的愛護心，最後人慾橫流，於是洪水流、土石流等等流變都來了。而所謂「流遞現象」則又是當代的生活特色，人們拜交通便捷之福，來去自如，可以居無定所，一夕間，就可離開故鄉而後暫居、移居、蟄居、不定居、與人同居於數百公里外的他鄉，在全然陌生之境過著兩個全新的生活方式。這樣一個高度流動性，使人與人之間，人與家庭、人與環境之間經常變動不停。

在這變動極快的新時代，當然也有人不希望改變，盼望各守其分，各有所歸，以免生存安全感喪失。事實上這不但不可能，而且是拒絕了現代文明所提供的自由，放棄了自我實現的可能性。易經說：「變化者，進退之象也。剛柔者，晝夜之象

也。」進退是大原則，是動態，尤其是站在人文、文化的立場上看，都是一進一退之間的現象，故變化乃進退之現象，非進則退。儘管人類的進化有時上升，有時沉淪，然而「上天有好生之德」；此處之「生」，係含有生生不息之義。天主教或基督教的上帝也是在歷史的洪流中，招呼子民們往前進的；如此才能展開更開闊的視野，因爲上帝希望子民們更加了解祂所創造那美好而複雜多愛的世界。

吾人應有本土詩人吳晟先生那希望大地大自然永遠美好，心靈故鄉永遠清澈的抱持；另方面要認知這充滿流變的富裕縱容社會，其正、反面價值意義安在？吾人如何自處？才能知道大地是什麼？生命又是什麼！

（二）環境變遷的警悟

史懷哲在《文明的衰敗與重建》裡指出，文明衰敗主要是由兩個因素所造的，一是文明精神內涵的喪失，另一個是現代人類的生存環境嚴重傷害了人們的心靈，而阻撓人格的健全發展。[7]

史懷哲表述情形之所以如此，是因爲哲學放棄了他應負的責任和使命，而對於環境如何傷害人們，史氏也提出精闢的看法──適用於詮釋一九九〇年代台灣現象的看法。

◆大規模的企業與工廠制度的興起，人們被迫離開自己的家園與大自然。文化事業與文明機構受到膚淺的精神滲透，又反向影響社會情況，更深入地腐蝕人們的心靈，現代人心靈變得十分空虛。這種膚淺精神貶低了

7　同註5。

▲施並錫〈群山還東田無垠〉。

▲施並錫〈濁水溪畔〉。

人文價值。

◆現代人在多變而複雜的工作環境裡養成了機械般的缺乏個性，也缺乏同情。「冷漠」使社會不再允許人文價值和人類尊嚴的存在。

◆在社會與政治組織的束縛和壓抑下，現代人變得個性萎縮貧瘠，失去自我的個體意識。[8] 與史氏有異曲同工看法的文字，出現在一九九九年十月十二日台灣的《勁報》。

◆人口太多的問題。

◆每個國家都面臨日益嚴重的垃圾問題。

◆全球海洋漁獲量超過了大自然可以忍受的限度。

◆人類的活動，尤其是農耕與工業，正在改變世界氣候。

◆我們以前所未有的速度，迫使其他動物絕種。

◆人類能源需求的增加，勢必還要有新的科技來滿足。

所謂經濟起飛後的近代台灣，所面臨的正是史懷哲與《勁報》所披露的這幾點，國人一向自認爲最善解自然，最能與之和諧相處，其藝術主張常以「物我兩忘」爲最高境界；哲學則以「天人合一」爲最上乘。然而「天人合一」哲學，在台灣的定義卻被謔稱爲「天災和人禍合而爲一」地破壞生態、環境與大地。

我們步上了西方世界的後塵，且有過之而無不及地走上了過度開發與奢侈浪費生態資源的可怕地步。其實西方世界在數十年前已看出無限制地耗損大地資源、破壞自然生態，終必受到大地反撲（The Earth fighting back）而走向自我毀滅之路。

8　同註5，第10-11頁。

台灣人民必須及早警覺「生態環境一旦遭受破壞，百年萬年都難以復原」。山區原始森林的濫伐、中南橫之開闢，嚴重破壞山林生態；梨山果園，製造了無可彌補的土石流災；高山改種檳榔，一逢豪雨颱風便成災，一逢地震則石破山崩，山河爲之變色；一而二，二而三，三而四的核電廠，正儲蓄了未來施暴台灣的輻射威力與能量；海岸線的破壞，對墾丁的任性破壞，對淡水珍貴的紅樹林棲息地之破壞，對候鳥貴客的殘酷對待，不一而足，罪證鑿鑿。

（三）生態破壞的問題思考

藝術是一門作爲人學習，也學習如何作爲文化人的科目。其實藝術與諸多學問一樣，是探討及表現：人和文化、人和社會、人和大自然、人和土地、人和人、人和歷史的問題及其互動。

每種不同風格的藝術表現，可以從它的自然環境與整個展現出來的生態特徵來分析。藝術反映時代的精神和性情——包含時代的夢魘和傷感或悲壯（當然也包括愉悅、希望）。一九五〇年戰後的抽象表現主義，即是源於人類心理的不安與恐懼的展現；而一九八〇年代新表現主義的混亂與狂飆，即表達大地的失衡，世間倫常被瓦解後的一種殘破世界相。

馬以工在《我們只有一個地球》書中說：「當一個國家發展到某一個程度的時候，就要發生環境的開發與保育之爭。」[9] 今日，台灣已經是過度開發的地區，如果長此以往下去，我們能否繼續在這片小小的土地上上永續經營？我們後代子孫可否仍擁有山明水秀的自然環境？我們環保和經濟兩個領

9　馬以工著，《我們只有一個地球》九歌出版社，第272頁。

域如何折衷？政策如何調整？

生態學之父科莫內（B. Commoner）提出生態學的四個原則，其中第三原則是「天下沒有白吃的午餐」。生態學Ecology與經濟學Economics，兩字字根都是eco，原來是從希臘文oikosi演變而來，意指「家或家務」也。[10]

二○○○年十月二十八日，呂秀蓮副總統在一項重要演說中說：「二十一世紀是生態、生產與生活的三生世紀，從今而後台灣人民必須挺身而出，爲生產及生態保育兩領域作折衷平衡的努力。」

台灣只是一小島，由於歷史、政治等因素，多年來統治階層以「偏安江左」的心態把持統治機器。在漫長時間裡進行對土地「認同的污名」的文化教育宣導洗腦，讓島嶼人民對自己族群及土地產生極嚴重的自卑感。懷著自卑感的人民，過一日算一日地苟安心態，對大地自然之破壞，下手是毫不留情的。在短短期間，台灣成了：「山川日漸變色，淳樸民風消失。青山碧海不再美好。那無垠綠野，縱橫阡陌；那幽篁搖曳，小鳥吟唱；那流不盡的綠水悠悠，忘不了的人情濃濃等吾土吾民的景緻漸行遠去。」

教化人民以「認同的污名」之統治者及被教化後的人民，在經濟掛帥政策引領下，採用台灣人喝酒哲學「乎乾（ㄉㄚ）啦！」（讓它一滴不剩之意）行爲模式，對付台灣生態環境，造成了暫時的表面雙贏，政府和入民好像人定勝天地贏了，卻輸光了生態自然。這種「乎乾啦（ㄉㄚ）！」換言之就是「有花必採，有果必摘」的趕盡滅絕法。

遠在一八七五年時，美國人湯普森描述南投集集附近的

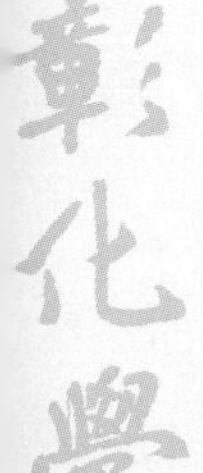

10 摘自楊惠南先生文章。

▲ 施並錫〈芬園大樟樹〉。

原始森林，是那麼無限壯美地聳立在他面前。「千萬種樹木彼此並排地，沒有差別地生長在這裡，……」他又描寫日月潭：「……從水邊起；茂盛的植物一直長上丘陵。而丘陵高處，則覆有種種顏色的美麗木……。」[11] 這是早年的台灣自然寫景。又一九一二年，有位英國人上了阿里山，當他日後再度行經台灣的原始森林時，感嘆地說：「從一九一二年以來，台灣經過日本人的開發，乃至於中華民國更透徹的經營建設，大部分情況已經改觀。地理學者對台灣的原始森林，世界獨一無二的樟樹和檜木的敘述，畢竟是最感到興奮的，而阿里山美麗的森林卻不復存。……」[12]

華人文化是講求實用的文化，相當欠缺以平等心對待自然眾生的觀念，懷著「認同的污名」的台灣人民對自己賴以存活的大地無知又無情，乃至於縱容地蹂躪之，其基本因素是台灣並無與大地和諧應對的文化哲學基石。自然山川，除了那些擬人化的鬼神崇拜外，其美學觀點成分，未曾內化入台灣文化層面及台灣人心理形成集體共識。

世界保育聯盟認定台灣的棲蘭檜木森林是全世界最具保育價值的林區，可惜在錯誤乖離的林務政策下，此林區受到嚴重的破壞。

商業掛帥的政策是可怕的，無論哪一種生產方式，一定是利益取向的；不斷擴張的結果，人類會因地球的傷害而走向滅亡，這是文化人值得關心的問題。台灣生態破壞，除了山林之外，目前尚有嚴重的河川水源污染、地下水破壞、海洋生態破壞、山坡地濫墾，保育類動物被濫殺等等，使得台灣處處呈現隱憂及危機。

11 陳玉峰著，《台灣生態史話》前衛出版社出版，第108-109頁。
12 同註11，第109-110頁。

生態保護是台灣人民一項「今天不做明天一定會後悔」的課題。

三、歷史意識

（一）歷史意識與創作

英國文學評論家艾略特（T. S. Eliot，1888～1965）在其〈傳統與個人的才能〉披露：「如果我們墨守前一世代的成功，盲目地或戰戰兢兢地因循我們前一代的作風，那麼這種傳統是不需要的；因爲藝術創作是新奇勝於重複。」[13]

但艾氏又指出：「最重要的是傳統含有的歷史意識，那是任何一位二十五歲以後仍想作詩的人幾乎不可缺少的；這種歷史的意識包含一種認識，即過去不僅僅具有過去性，同時也具有現代性。歷史的意識使一個作家在提筆寫作時不僅僅在骨髓中深切地感覺到自己的時代……，而且也感覺到與自國文學整體是一個同時的存在。……這種歷史的意識是對時間以及對永恆合而爲一的意識。」[14]

昔日台灣本地的藝術家們，一如絕大多數的台灣人民一樣，缺乏歷史意識，只能置身在不痛不癢的唯美形式領域中，沒有說眞心話的勇氣。不說眞心話，方可免於政治力量的打壓。上一代美術家命運値得同情，而今日的藝術文化人，則應勇敢面對現實，批判歷史，創造歷史，並承續本國之歷史意識才是。

歷史是向前、不斷推動的，時間不會爲任何人作片刻的停留。國人曹賜固醫師（1903～1992）在其《八芝蘭隨筆》裡，

13　杜國清譯，《艾略特文學評論選集》，第4頁。
14　同註13。

施並錫〈竹塘田野風光〉。

Vince Shih .2007.

這麼寫著：

有名荷蘭歷史學家房龍（Hendrik VanLoon），在他那本風行全球的名著《人類的故事》序章，一開始就説到他在十二、三歲的時候，有一次，叔父帶他走向鹿特丹那個老羅倫斯教堂的塔尖，一個像玩具般的小城市。許多奔忙蠅蠅苟苟的螞蟻在那兒匆忙地爬來爬去……，這是房龍第一次瞥見的廣大世界。他從塔尖看到無盡的海洋那銀色線條，及展現在他腳下的一大片屋頂、煙囪、房屋、花園，醫院、學校及縱橫轃的鐵路，那個房龍稱之爲「故鄉的地方」。最後房龍這樣寫著：「歷史是一座經驗的巨塔，由時間在過往時代的無垠原野上面建造起來的。想走上一座古老建築的頂尖飽覽全景，並不是一件容易的事，那裡沒有電梯，但是年輕人的腿腳健壯，爬得上去，現在我把開啓塔門的key交給你了！」[15]

房龍在此表示現有的文明，是歷史的沿續累積，文明與智慧是一代傳給一代的。曹賜固先生引用房龍的文字後，也很謙虛地說：「我不是歷史學家，我只是一個平凡的醫生，我雖然目睹士林八十年來的滄海桑田，遞嬗更迭，不過我缺乏作爲房龍的那種睿智，也沒有他深刻的體驗。我不能給多年輕一代比較具體的忠告。」[16]

當然，這是曹先生客氣的表述；然而曹先生於此所要傳達

15　曹賜固著，《八芝蘭隨筆》，頁21。
16　同註15。

的是，知識分子均需培養歷史觀察或感覺的睿智。要有深刻的體驗，並須對下一代提出歷史及文化的忠告。

歷史及代代傳承銜續性是十分重要的，無論是個人的意識、觀念，或是整個族群生存走向及價值觀，都必須與歷史攸關。再引述艾略特的話：「具有歷史意識，也是使一個作家敏銳地意識到自己在時代中的地位以及本身所以具有現代性的理由……又任何詩人或任何藝術的藝術家都不能獨自具備完整的意義。他的意義、他的鑑賞也就是他和過去的詩人和藝術家關係的意義和鑑賞。」[17]

（二）歷史意義、歷史感覺與藝術創作的相互關係

在歷史的領域裡，以敘述實情和探討眞相爲研究之主要目標，必須常常回溯檢視過去，且盡力揭露曾經出現或發生於歷史舞台的人事物種種之原來眞貌，進而尋找隱藏在事相下的歷史規律。相對的在藝術創作的領域裡，是以跳脫前人框設，創造境界及樹立新義與典型爲主要訴求，此訴求常常著眼於未來及非現實性。而歷史學或學者則往往著眼於過去的研究以昭示或預測未來；藝術家與之相反，是從未來到非現實性的角度觀照或描寫表現過去與現實。藝術性的眞實與歷史性的眞實不同，前者有完整的要求；後者有片斷的要求。藝術要求完完整整的眞實，史料不足者，可藉想像創意添補之；而歷史的眞實，往往可以滿足於片斷的眞實，但其材料不足者，須以考證非想像補足之。

向來在民主自由的先進國家，藝術工作者永遠站在創作

17　同註13。

▲施並錫〈員林第一印象〉。

▲施並錫〈柳河旁的高架橋〉。

者的立場，向政治等壓迫抗爭。畢卡索創作〈格爾尼卡〉，是藝術家本人親身目睹或經歷之事件，係屬於有歷史意識的時代見證。西班牙的達利（Dali）亦然。達利和畢氏雖不太一樣，達利對現世生活與政治向來不太關心，但在一九三五年，他創作了〈未來的戰爭〉、〈內戰的預感〉等等作品，表達了他對祖國命運的憂慮；而一九三八年，達利斷續推出〈西班牙〉之作，作品中激戰的背景圖像裡，一個無頭女子的身影正在逐漸消失，明示畫家內心無限的痛楚。此外德國女藝術家柯・維茲（Kathe Kollwitz，1867～1945），本爲醫生之妻，宅心仁厚，相當關懷貧困者之醫療問題，有強烈的人道精神；她反對法西斯主義，在希特勒掌權的專制年代，柯氏有許多佳作反映了時代的苦悶與徬徨。

另，倘有爲過去所發生的事件作「回顧反思見證」。近代德國新表現主義代表藝術家喬治・巴茲里士（George Baselitz，1938～）於一九九〇年在紐約舉行一項訂名爲「45」之畫展，該展之主題其實是一九四五年二次世界大戰的歷史悲情事件。巴茲里士的全部作品清一色是顚倒翻轉（up-side-down）形式的人物畫。巴氏使用粗厚狂烈的筆觸，畫出扭曲變形，狀似苦不堪言的倒反頭像，而凝結聚集在這悲情澎湃的奔放筆觸裡，是潛埋在巴茲里士內心深處，那揮不去的二次大戰深植的恐怖記憶。巴茲里士畫出他在孩提時代，親眼看見盟軍飛機轟炸他的家鄉德勒斯登（Dresden）而慘死的家鄉同胞之血肉模糊臉孔。而他那上下顚倒、方向錯亂的作品，正是對戰後社會解體、價値觀瓦解、歪曲的人性及分裂德國提出嚴厲的批判。

說過「藝術就是情感」的羅丹（Auguste Rodin，1980～1917），其名作〈卡萊市民〉（The Burgbers of Calais），便

是一種緬懷過往的悲壯的感情呈現，是一個回顧反思歷史的作品。同時代的具有歷史感覺的德國藝術家還有基佛（Kiefer）等人。

以上所舉之例，在在說明歷史意識是淑世精神的藝術創作所不可缺少的。

（三）挖掘共同記憶並為後世建立歷史記憶

藝術除了表現美感之外，就是表現理念與意志了。袁枚曾說：「詩人有終身之志、有一日之志、有詩外之志、有事外之志，『志』字不可看殺也。」這兒的「志」乃是理念與意志，就是藝術家的企圖表現心，爲大我、大愛、大藝術的企圖心。藝術家應有「詩外之志」及「事外之志」以從事創作，因爲藝術的力量不容小覷。

叔本華（1788～1860）有言：「一般說來，歷史家只給我們堆置雜物的房間，充其量只能給我主要政治事件的編年史……。偉大人物的作品和不朽詩人所給予我們的，比歷史家所能給予我們的要眞實得多。」[18]

巴爾扎克（Balzac）亦曾說過：「拿破崙用劍征服不到的地方，我可以用筆去征服。」筆，乃心靈力量也。我們使用它，挖掘我們的共同記憶，並矢志爲後代保存歷史記憶。這樣的氣度、抱負和架構，才可能出現有若史詩般的大美感。

此世代，是全球本土化的時代，是網路資訊的時代，是地理疆界漸次模糊的年代。沒有歷史意識或記憶的地域，是不容易建構主體性、自主性的價值觀或文化觀，且極可能在全球化

18 叔本華原著，《意志與表象世界》，志文出版社，第212頁。

▲施並錫〈早晨陽光〉。

▲ 施並錫〈野趣〉。

風潮裡迷失了自己。我們一定要找尋我們自己的「深層生命意識」，這是歷史價值與感覺支撐的大我心靈。大我的歷史意識也正是艾略特所說的「本國的心靈」。

「詩人必須知道，比自己個人的心靈更爲重要的一顆心靈——本國心靈。是萬古常新，變化不息的。」[19]

美術工作者應有社會關懷之心，思考如何創造歷史與時

19 同註13，第6頁。

代的心聲與容貌、特質等等，爲後代子孫留下歷史記憶及歷史見證。史懷哲在《文明的哲學》裡說：「目前多數人往往沒有什麼適切的觀點，他們多少是順著時代流行的格調而生活的。……每一個時代，都生活在一些思想家所形成的意識裡，而各時代就在這些思想家的影響之下存在。」[20]

因此立「志」的美術家，應當仿效史氏所說的能形成意識的思想家那樣，創造一種淑世、濟世、美世的觀點和格調，以及賡續優質傳承的歷史記憶。美術創作者即文化人，文化人是促進社會祥和、進步、團結之文化工程師，應比一般人更加「心中有青山」，更須提倡對青山有愛心的觀念，須以作品發揚大地及歷史意識，大地也是歷史的舞台。

四、結語——讓玉山成為台灣大地精神的Logo

二○○○年國慶，陳水扁總統國慶祝詞提到「台灣精神」時，特別強調從太平洋之濱到玉山山頂，立足於這一塊土地上之所有子民，用汗水和智慧，用信心和希望一齊塑建台灣精神（見2000年10月11日報紙）。花蓮阿美族的信仰文化指出，海洋、溪流、土地、果樹和母親象徵天地萬物的孕育者，至高無上且不容侵犯。有土地斯有精神斯有財，乃至於斯有歷史等其他種種。

所謂土地，狹義係指土壤、岩石、水、動物等眾生的集合；廣義應作大地（The Earth）解。它孕育在其上之所有生命，包含人類。人類受到大地的滋養與制約，若欲綿延永續，則人與大地必須保持和諧。大地是有情有靈性的，當它遭受污

20 史懷哲原著，《文明的哲學》，新潮文庫，志文出版社，第76頁。

巇、蹂躪，大地一定會展開反撲的。土地倫理觀之建立，是台灣人民不可不修的功課；善待大地，是不可或缺的責任。

二十一世紀人類最大課題必定是「人與自然的和善對決」。人，不可再妄信人定勝天，爾後濫墾濫採濫建，破壞生態；相反的，人在大自然面前，應當學習更加謙遜，「尋求與自然共存互惠的新平衡點、線、面」。美術創作者建塑玉山圖像，也是參與「玉山學」的建構，藉玉山圖像的傳達與傳承，喚起各界對大地的景仰與恩報以及對大地歷史的瞭解及廓清眞實。希望在眾緣和合之努力下，玉山成爲台灣全民之新地標。

和風麗日下的水彩田園圖像——不破章與本地畫家的互動

施並錫

▲廿世紀日本畫家不破章。（1901～1978）

一、前言

達文西曾說，人類的第一件繪畫作品是陽光把人的影子投射在牆上。（The first painting was the linear outline of the shadow of a man thrown on the wall by the sun.）[1]

而人類的第二件繪畫是把那被陽光照射的人，及其影子畫下來。人的影子表示是有生命的造型。有影子即有光線。繪畫藝術所有種種，全係光之所賜。直到今日人們還是沿循第二件繪畫的原理；並依戀第一件繪畫。善於表現光影明暗的日本水彩畫家不破章正是依戀第一件；沿循第二件的典型。

本文探討二十世紀日本畫家不破章（1901～1978）的水彩繪畫藝術與本地畫家張煥彩、施南生及屏東沈國仁等之互動交流。本地畫家之選擇及限制，乃緣自①本文屬於彰化地區美術研究②他們與不破章有過緊密互動的事實③他們在尚未互動之前，與不破章同屬田園風情（idyllic）畫派，畫面都充滿陽

1 Bernard Marcade,(1994). Painting and its Double，2009/9/01、http://www.sigurdurarni.com/ferill.cfm。

光，都以大自然爲表現主題的水彩畫家。

沈、張於一九五五年；施於一九六七年分別畢業自台灣師大美術系；林亦係師大美術系統。基本上，一九五、六〇年代的師大美系畢業者，其水彩或油畫的畫風、向度及脈絡與日本之美育或美術，仍有相當程度的關聯。楊孟哲在其《日治時代台灣美術教育》一書中指出日本影響台灣近代美術發展的三個因素：①美術獨立分科教育的設立②師範課程增加圖畫教育③日本來台藝教家如石川欽一郎、塩月桃甫及山本鼎等人之卓越貢獻[2]。尤其是石川的鼓勵，造就了許多赴日本學畫的美術家。這些第一代美術家返台以後影響著美教界及藝壇，也影響早年台灣師大美術系、國立藝專，以及一些師範學校美勞組[3]。

此脈絡、向度的探索，必須提及石川欽一郎的影響及其畫風。一九七八年，不破章在台北太極藝廊展覽時，受邀到台灣師大美術系作專題演講，與會台大呂璞石教授即說：「從前至今眞正理解台灣景色的畫家有兩位，一位是石川欽一郎，另一位是不破章。台灣水彩發展途上，此兩位畫家是重要指標。」[4]

石川於一九一七年至一九三二年兩度來台任教；不破章則於一九六九至一九七八年來台寫生結緣。兩人來台前後時間相隔約四十年左右，兩人同屬日本水彩畫會早期成員。畫風略異，但方向相同，其共同點係擅長捕捉外光，並透過畫作讚頌陽光。早年石川稱讚台灣爲「光之鄉」，而後來的不破章乃十足光之鄉的謳歌者。

2　楊孟哲：《日治時代台灣美術教育1895～1945》，1999，台北市：前衛。
3　如廖繼春、李石樵、李澤藩任教於師大；李梅樹、楊三郎等任教於國立藝專。
4　見《不破章水彩畫集》沈國仁序文。頂新和德文教基金會印行，2005年。

本文所述兩造雙方（台、日）互動、交流，其脈絡之探討，也涉連日本人對台灣的情感及觀感。

本文所述乃關於日本與台灣之水彩繪畫，故須先討論日本風景畫與日本外光派。

二、風景畫發展的概述

(一) 日本外光派

明治時期（1868～1912）之間，日本美術大量向西洋學習，此時期美術從傳統寫實主義入手，至明治末年，發展出帶有日本風的寫實主義。脈絡演發爲：

自十七世紀初開始有了浮世繪，它原先是民間藝術，以人物、風俗民情爲其主要表達題材。蓋浮世（ukiyo）原爲塵世、現世之意，故內容常爲風景、人物、花蟲鳥獸等世間眾生態。到十九世紀更傾向風景方向發展，不過風景裡仍有很明顯的人文活動，不僅是點景人物，更有傳達某種價值之意圖。如北齋一八三一年之〈神奈川俊浪裡〉，大浪上畫有與浪搏戰之漁人。這種傳統延續到十九世紀末、廿世紀初之日本畫家，石川與不破章等人畫中都具有十分明顯的人文圖像與精神。

十九世紀正是西方繪畫寫實主義、自然主義及印象主義的全盛期。給予向西方美術學習的日本美術界極大的影響。

這一時期日本寫實主義帶有巴比松風格的自然主義色彩。直到二十世紀初期，石川所屬的日本水彩畫會依舊帶有濃厚的巴比松風格。雖然明治末年已有前衛藝術，主張藝術必須不斷超越它之前的藝術形式的思想，然而到一九三〇年爲止，前衛藝術在日本藝壇仍未被普遍接納。

西式美術教育於明治九年（1876）正式傳入日本，工

部省設立工部美術學校，聘請巴比松畫派油畫家豐塔那西（Fantanesi1812～1882）到日本任教。在他的指導下，促成更多留歐的學生，其中如淺井忠等人，回日本後成立了明治美術會，爲日本第一個西洋畫團體。至明治中期赴歐之留學生，以黑田清輝爲代表，是爲日本洋畫第二代。

此階段日本畫家藉由西洋畫的技巧描繪日常所見之世界，其和傳統浮世繪之精神大抵吻合。

當黑田清輝與白馬會形成日本頗具實力之美術團體的同時，東京美術學校新設西洋畫科，至此具有「外光派」傾向的畫家們成爲日本學院派之主流[5]。日本美術界所稱的外光派，係以學院派技法爲基礎，加入印象派的特色，呈現構圖嚴謹，但光影的表現法屬於印象畫風，不同於寫實主義。外光派對光之描繪來自對景物的嚴格觀察，極重視造型，一切均建立在「寫生」的基礎上。日本外光派予石川極深影響，當然也影響了石川與不破章同屬的，一九一三年所創立之日本水彩畫會，及其重要成員們[6]。

（二）日本水彩風景畫

日本美術發展，雖由學習中國轉向歐洲學習，然而寄情山水、崇尚自然的審美意識依舊根深蒂固。幕府時代末期，在近代交流與資訊較爲發達的條件下，盛行旅遊參訪的風氣。漸漸形塑樂愛觀賞自然、喜愛再現自然的繪畫觀念，這是明治時期興起的新自然觀。

此時期日本政府推動美術，是認爲繪畫具有富國強兵之功能。此時期之日本洋畫係以實用功能爲目的，故此普遍研究精

5　白雪蘭：《石川欽一郎》，台北市:台北市立美術館編印，1986年。
6　不破章於1924年代成爲新會員，而石川則是1913年創會人之一。

▲不破章〈御苑　初秋〉，1974。

▲不破章〈小菅〉，1968。

確之寫實技術，追求科學之寫實。畫家扮演日本轉變成西方現代文明橋樑之要角[7]。

然而由於文化的隔閡，對於西洋線性、透視及立體三度空間之自然再現手法，日本畫家未能完全吸收，而呈現改寫式的日本畫風。傳統日本藝術中十分重視環境氛圍，如嫩春、初夏、新綠、楓紅、晚秋、冬白等之季節風情。所謂改寫式的日本風，在傳統日本藝術中加入了表現光線明暗技法及空氣遠近法。這種特色在不破章的作品中十分明顯。

明治二十七年（1984），志賀重昂[8]之著作《日本風景論》轟動一時，影響了日本人建構國家認同之意識。該書分析日本風景審美之特質，強調國土優越性，宣揚其地理一如人間淨土，此書大幅度地改變了日本人的景觀意識。

志賀提到「在外光下所看見的自然界風景之美」[9]促進了日本人對外光派的共鳴，也令外光派獲得一處安身立命的基礎。

明治三十四年（1901），水彩畫家大下藤次郎出版的《水彩畫指南》，當年售出六版兩萬冊，三年後售完十五版。此後陸續有名作家如三宅克己一九〇五年出版《水彩畫手引》，丸山晚霞、石川欽一郎等出版了水彩相關的畫冊書籍，都帶動了日本水彩畫的風潮。

此外自然主義文學勃興，文學家強調視覺性的自然歌詠，也對彼時美術學生產生不小的影響。

以上所述種種因素造成了二十世紀前後日本水彩畫之大盛行。由於水彩畫具方便攜帶，便成了旅行、登山寫生的最佳工

7　田中日佐夫：《日本美術史》，頁155-156，1993年、東京、美術出版社。
8　志賀重昂爲日本近代之國粹主義代表人物，1863年生於岡崎。
9　戴宇：《志賀重昂日本風景畫論簡析》，《史學集刊》，頁38-43，2007年1月、吉林、吉村大學史學集刊編輯部。

具。後來到台灣的石川，乃至於不破章，皆是這個時代的典型水彩畫家。

三、不破章、石川與台灣

（一）石川欽一郎與台灣

日本二十世紀初之水彩畫興衰歷程與台灣美術發展息息相關。當日本水彩畫式微之際，正值日本強盛之時，石川就是在這個時期獲得二次來的機會（第一次1907～1916，第二次1924～1932）。他希望日本興起的水彩畫擴延到台灣，第二次來台受聘於台北師範學校，在那裡推廣美術教育，因而引起台灣美術之萌芽發軔。兩次滯台共十七年，啓蒙了台灣近代西洋美術。並教導不少台灣前輩畫家如李澤藩、陳植祺、廖繼春、藍蔭鼎等人[10]。

石川用他那英國風的水彩，爲未曾有過有這種視覺經驗（或驚艷）的本地人領教了水彩描繪的高度表現能力，並讓本地人透過石川畫面，領會到台灣之美麗與明亮。

石川與丸山晚霞、大下藤次郎、三宅克己等人年紀差不多，同屬於第一代水彩畫家，同樣都受到日本明治維新後的新文化氛圍之影響，保有日本傳統價值觀及文化理念，以及西方繪畫觀念。

（二）相近的理念與畫風——外光風景

石川與不破章兩人同源，繪畫理念相近。

一九一三年所創立的日本水彩畫會，在其創立趣旨開端：

10 ：謝里法：《台灣美術史運動》（台北市：藝術家，1995年第四版）。

▲ 不破章〈忍野〉，1977。

「大下藤次郎、丸山晚霞、河合新藏等所經營之日本水彩畫會……」[11]石川也是該會創會重要會員。

一九二四年，石川氏第二次來台這一年，不破章成為日本水彩畫會之新會員。本會創會會員，在二十世紀初期，其畫風和創作理念是十分接近的。在這段時期石川與不破章是否有所切磋與溝通，無確切資料可察，不過從石川在一九〇八年元

11 參見該會年度之會員手冊首頁。

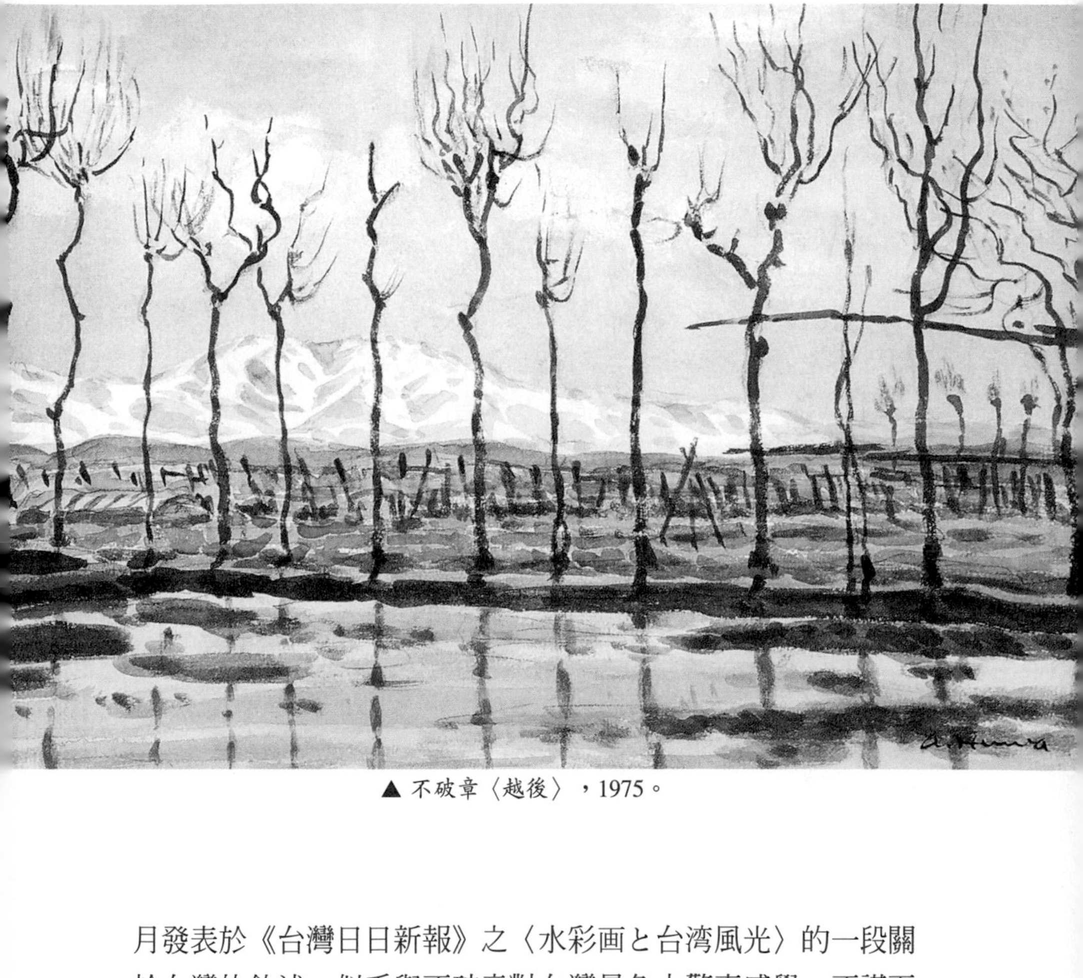

▲ 不破章〈越後〉，1975。

月發表於《台灣日日新報》之〈水彩画と台湾風光〉的一段關於台灣的敘述，似乎與不破章對台灣景色之驚喜感覺，不謀而合。石川氏這麼說：

> 京都與台北兩地大體的山容水色相當近似，台北的色彩看起來還更加地美。紅簷黃壁搭配著綠竹林，效果十分強烈，相思樹的綠呈現日本內地所未曾見的沉著莊嚴感，在湛藍青空搭配下更爲美妙。空氣

中的水分恰如薄絹般包圍山野，趣味極其溫雅。其他雲彩、陽光都是本島特有的美，內地怎麼也無法相比……傳言是地獄，見了卻驚為天堂，這就是我對台灣第一印象；形與色都很優美的島嶼，令人欣喜。[12]

這段石川氏之敘述，其心情與六十年後再到台灣的不破章十分接近。不破章對台灣之陽光及日本所沒有的「紅簷黃壁搭配綠竹林」之圖像獨鍾至極，也對台灣「空氣中的水分恰如薄絹般包圍山野」，有絕佳的詮釋。不破章對台灣的印象是「見了驚為天堂」，故不破章首度台灣巡禮之後，即發願年年來台寫生。

日本水彩畫會會員只有石川氏與不破章兩人與台灣結下最深緣分，雖有其他會員相隨來台作畫，也僅止於蜻蜓點水。所以呂璞石教授才認為石川與不破章是至今（當時為1978年）眞正理解台灣景色的兩位日本作家。

（三）不破章與台灣

戰後曾任日本水彩畫會理事長，並曾活耀於一水會展、文展、帝展、日展，頗受日本水彩界重視的不破章，一九六九年首度來台，比石川氏足足晚了六十二年（石川於一九〇七年首度來台）。不同的時代背景，不同的來台理由與動機；不同的目的與作用。不破章較之石川氏簡單純粹，而兩人相同點如下：

（1）對相異於日本的台灣民情、景物之驚艷好奇，以及對

12　石川欽一郎，〈水彩畫與台灣風光〉，收錄於顏娟英譯著，頁30-31，2001/03、《風景心境——台灣近代美術文獻導讀（上）》。

於亞熱帶熾耀陽光下之色氣、彩氣之讚嘆。

（2）與本地美術家都有互動。石川氏啓蒙指導，不破章帶動影響。

（3）足跡遍及全台。兩人在台灣的寫生畫作，多數留在台灣。

（4）旅行寫生記錄式圖像居多。沿襲明治時代旅遊寫生，再現自然的風氣及習慣。

1. 關於不破章

不破章師承專長人物畫的名家石井柏亭。一九〇一年十二月出生於東京神田三崎町，一九一八年畢業於大倉商業專科學校，在學中曾受學長山口蓬春及後藤工志指點繪畫。畢業後任職瑝（澤）山汽船會社，是美國船公司。由於在此公司，不破章才幸遇一位擅長水彩畫的美國人Max Ogo《マツクス　オコ》[13]，不破章曾跟隨此人學習水彩畫。從此以後，不破章一邊工作，一邊作畫。他不是科班出身，不算標準學院派。從青年時代，唯以水彩畫作爲表現媒材。少壯時水彩畫已頗有成績，二十二歲時即能入選石川等人所發起的日本水彩畫會第十屆展覽，一九二四年正式成爲日本水彩畫會會員，該畫會入會不易。

參加者必須以作品評鑑通過，才能取得新會友資格，昭和四十九年（1973）沈國仁取得會員資格，平成一年（1989）張煥彩與李登華取得新會友資格，平成五年（1993）施南生成爲新會友，至平成八年（1996），張煥彩與李登華取得正式會員資格[14]。本地畫家咸因與不破章互動而有機會展現實力獲得加

13　見不破章水彩畫冊。
14　見該會年度委員手冊。

入，成爲正式會員。

根據熟識不破章之前藝大教授沈國仁表示，學商的不破章，在戰後自創公司，理財有方。一生不因以繪畫爲志業而困頓，換言之，不破章不必以畫養畫來創作，故沒有售畫考量的壓力，因此能夠「一味攻到底」地作畫。

不破章不算專業畫家[15]，卻有著相當專業的堅毅創作精神及態度。不破章不似黑田清輝、石川氏或藤田嗣治、梅原龍三郎等赴歐學習而能目睹西洋繪畫之來龍去脈，以及觀摩見習後，自期邁向專業畫家之路，須揚志以建宏觀美學思想體系，以及專業繪畫所需之生活、創作相對應的複雜之脈絡向度。這正也是不破章「擇一（一種媒材）而始，從一（一種形式）而終」用志一處而不移的原因。

2. 來台緣起

不破章這一代的許多日本人對台灣都有歷史情感，以及好奇心，而老一輩台灣人對日本人也大多具有好感。本地人有許多迄今對日本人一絲不苟、腳踏實地之做事態度和奉公守法、講究倫理、敬老尊賢的精神，仍然稱讚不已，並常以「日本精神」作爲各種正向價值的肯定語。日本人透過成功的殖民教育，有效地改變台灣人很多陋習舊規，建立法治觀念，改造衛生健康的生活環境。還有一項很重要的是台灣人美術教育的推廣及審美意識的提昇。

陳澄波在早年曾講述：「繪畫對台灣人而言，是多餘的。」[16] 然而日本人在台灣的美術教育，阻止了陳澄波所言

15 一般稱專業畫家指除繪畫以外，不兼其他職者。

16 出自《藝術家雜誌》201期〈將更多鄉土氣氛表現出來〉一文，頁214、（1992年）。

▲ 不破章〈平磯〉，1974。

成爲存在的事實。美術教育持續不止的推展，其延伸影響到一九七〇年代不破章能夠與沈國仁、張煥彩、李登華、施南生等本地水彩畫家交流際會。這幾位台、日水彩畫家繪畫觀念在未接觸之前就相近不遠，乃緣自於台灣美術發展史裡的日本因素。故雙方情投畫合，並能以畫會友地在一九六九至一九七七年八年之間共同在石川氏所稱的「光之鄉」[17]，描繪那對不破章而言充滿著異鄉情調，對本地畫家而言，是再熟悉不過的田園風光（idyllical painting）。與法國巴比松畫派有一些相似的

17　湯惠美，〈與石川欽一郎互動——倪蔣懷、藍蔭鼎、李澤藩的水彩創作之研究〉，國立彰化師範大學藝術教育研究所碩士論文，頁117、（2008/1）。

▲美濃野外寫生，自右起山崎政太郎、沈國仁、李登華、不破章先生。

部分，將在後文討論之。

屬於台灣田園畫風的沈國仁於一九六五年赴日，昭和四十二年（1967）畢業於日本早稻田藝研所。求學期間即認識在戰後經營企業又專注於水彩畫的不破章。彼時台灣油畫家郭東榮留日習畫，獲悉不破章想到台灣旅遊寫生的打算，值台裔日籍且活耀於日本美術界的柴原雪擬組藝術家台灣訪問團，郭東榮建議不破章跟隨該團來台。這是時年六十八歲的不破章於昭和四十四年（1969）四月首度來台的契機。不破章偕其內人久羅氏隨團參觀後，自行到宜蘭寫生，用標準開畫了一幅〈媽祖廟〉，爾後又與沈國仁畫台北市小南門及新公園。根據沈國仁的敘述，不破章作畫時非常專注，漫長半日僅吃一片西瓜，過午未進餐。沈國仁敘述不破章自表喜愛台灣有三個原因：

(1) 台灣的樸素。
(2) 濃厚的人情味。
(3) 色彩與日本不同[18]。

首度之旅後，不破章因爲沈氏等人的熱忱使之有賓至如歸的感覺，立即計畫翌年（1970）再來。

3. 彩筆足跡

除了塩月桃甫、石川欽一郎以外，還有一些鮮爲人知的畫家來台旅行作畫，如一九一八年出生的芹田騎郎，於一九三五年來台畫了不少原住民畫像；一八七四年出生之池上秀畝，日治時代來台畫民情素描[19]。這些事實代表一些日本畫家對台灣是有關懷之情。

一九七〇年初，不破章與兩位同是日本水彩畫會員的畫家山崎政太郎、坂上恒子，由沈國仁帶領，作了一個月的環台旅行寫生。該次，在北部不破章以台北爲首站，市區內的龍山寺、孔子廟、公園、後車站皆是寫生的重要內容，之外再前往淡水、松山、汐止、鶯歌、板橋等地。在中部，沈國仁介紹了員林兩位畫家張煥彩及施南生與之認識，不破章在彰化、員林地區有了接應，即有了據點。在南部則以沈國仁的家鄉屏東作據點，寫生地點包括竹田、西勢、內埔、九如、里港、萬丹、東港、旗山、美濃等地，李登華則爲不破章在美濃作畫之嚮導。不破章也與本地畫家們前往枋寮、恆春、太魯閣、台東、知本等處。

沈國仁表述，一九六九至一九七八年間，不破章共有八次

18 筆者於2009年6月2日訪談沈氏。
19 前衛出版社出版《池上秀畝和芹田騎郎畫集》。

▲ 不破章〈南方澳〉，1971。

在台灣各地作爲期一個月的寫生。除了第一次以外，每回都邀請山崎政太郎或坂上恆子或松井省榮或佐藤準一其中兩位。寫生期間除了認眞作畫以外，並無其他觀光及遊覽活動。

一九七四與一九七五兩年因台、日斷交之故而暫停來台。一九七六年又恢復，到一九七八年，雖不破章感到胃腸不適，依舊繼續在台的旅行寫生。該年台北太極畫廊特邀請不破章舉行畫展，此展對彼時台灣水彩界提供了啓示性的參考，也因此展而受邀到台灣師大美術系演講。一九七八年不破章回日本之前，一句「明年再見」成爲在台最後一句話。

筆者在一九八〇年代，每次拜會張煥彩時，必聽到張氏訴說與不破章寫生的經過及一些趣事，以及不破章對台灣田園景色熱愛的點滴，還有張氏對不破章的敬仰。

▲ 不破章〈屏東〉，1971。

4. 作品留台

一九七九年二月不破章去世。夫人久羅女士有了想法，認爲不破章所畫台灣的畫作，最好能夠由台灣人士收藏，永留台灣。

沈國仁同意員林施南生之提議，推薦不破章作品予彰化永靖鄉的頂新和德文教基金會。透過該會陳慶浩秘書長的協助，終獲得魏應交董事長之同意，並全權交由陳慶浩處理。陳慶浩與施南生專程赴日，並說服了原本持反對意見的不破章之兒子，終以達成一項意義重大的典藏工作。

該次典藏，共收不破章水彩畫作五十件，頂新和德文教基金會亦印製《日本名畫家筆下的台灣風情》之不破章水彩畫集。沈國仁以〈歷史之美〉加以敘述，而施南生也在編後語詳表典藏經過與心得感言。

這是繼日治時代石川欽一郎作品留台後的第二位日本畫家作品留台。

四、不破章作品分析

（一）不破章的繪畫理念

根據三位與不破章有長期共同寫生互動的沈國仁、張煥彩及施南生的訪談敘述，大致可歸納出幾點：

(1) 沈國仁以為：

1. 不破章主張現場完成，看到美處，立即下手。
2. 構圖須處理，不宜完全照抄自然對象。
3. 要融入感情。
4. 凸顯所畫對象之造型及色彩獨特性。
5. 不可缺少畫中人物。

(2) 張煥彩敘述：

1. 只要坐下來，即可構圖完成。
2. 大件水彩畫要「製作」而非「放大」，「製作」即是增加更多東西。
3. 畫時心中要有愛。

(3) 施南生追憶：

1. 當日印象最深，不破章主張當日完成。
2. 努力捕捉色氣。（筆者註：色氣是作畫首重氣，運的氣）
3. 捕捉陽光。

4. 不破章說：「只要有人煙的地方，就能找到我所要的題材。」
5. 水彩畫能一次完成最好，但無論色彩如何的薄與淡，亦須要求兩層以上的顏色，畫面才會沉穩厚重。

綜合以上三人的描述，可歸納不破章之繪畫理念如下：

A 承繼前述明治時期把周遊行萬里路當作生命學習經驗，把旅行寫生當作創作的主要方式。

B 秉承明治以來日本外光水彩風景畫，含有巴比松田園自然主義與印象派精神。

C 把日本人原有的華麗，與數百年禪宗洗禮後的空觀遁世之審美觀結合成一種淡、麗折衷呈現的「雅緻美感」。

D 強調表現人煙。表現對人文、人本價値的重視。與巴比松派的精神接近。不破章師承石井柏亭，石井氏以人物畫著名，因受石井氏之影響，不破章早期作品不少是人物畫（見66頁），晚期風景畫中必有人物。

E 美，俯拾可得，平凡中可發掘美感。接近詩人里爾克所說「存在即是輝煌」。

F 嚴謹：理性，以歸納方法分析探究事物與畫面。抒情：直覺地布局、把握及取捨事物入畫。

（二）不破章作品討論

本段文關於不破章作品討論之範圍，限制於：

（1） 一九八〇年，在日本印製之水彩遺作集。

（2） 二〇〇五年，頂新和德文教基金會印製之不破章水彩畫集。

兩本畫集共約百多件不破章中、老年時期在日、台兩地的

寫生作品。

作品討論將說明形式（form）及內容（content）兩方面。關於形式，乃說明其媒材（medium）和技法（skill），再論及於風格（style）與品味（taste）。關於內容（content），則討論題材（subject matter）和對象（object），再論及於象徵（symbol）與意義。

不破章（1901生）與石川（1871生）兩人相差三十歲，加入日本水彩畫會之時間差距爲十一年（1913年，石川爲創會人之一，不破章於1924年加入，爲正式會員）。石川在明治時期日本水彩畫鼎盛時，即與日本水彩畫會會友同儕的大下藤次郎、三宅克己、石井柏亭交情深厚，並經常意見交流，作品觀摩[20]。其中，擅長重疊法透明水彩，對印象派有深入了解的石井柏亭，正是不破章的老師[21]。不破章晚年出版水彩畫法內收有石井柏亭畫作（見063頁），可以看出師生作品，雖畫風略異，但都歸屬於田園自然主義風格傾向。再細看也是日本水彩畫會發起人水野以文（見063頁）的畫作，可看出他們具有相同的美學取向。

大抵藝術的表現，風格之建立常有幾類：

第一類是師承與臨摹，早期藝術家屬之。

第二類是無師自通，從大自然本身學習。此類較能產生原創性的藝術風格，如梵谷、史汀、法蘭西斯、培根，或台灣的洪通等人屬之。

第三類是先採師承臨摹之法，後漸漸加入自主獨見，然後自樹一幟。

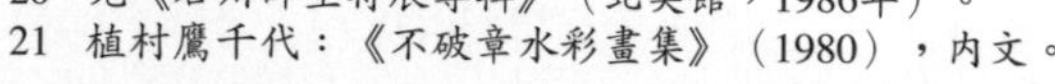

20 見《石川師生特展專輯》（北美館，1986年）。
21 植村鷹千代：《不破章水彩畫集》（1980），內文。

▲石井柏亭〈西班牙女人〉。

▲水野以文〈燈台〉。

屬於第三類型的藝術家及其作品最多見。日本西洋畫和水彩畫亦然，兩種藝術文化交會時，在受者（日本）這方一定會產生衝突、妥協後的矛盾混雜（ambivalence）而成爲新品種（hybridity）[22]，明治時期以來的日本西洋畫、水彩畫等大都屬於這種「新藝綜合體」。石川氏、石井柏亭、水野以文與不破章皆屬於此「新藝綜合體」，不破章主要以寫實外光爲取向，但仍具有獨到的技巧與風味。

（1）就形式（form）討論

1. 媒材（medium）

水彩在西洋繪畫裡，早期僅被視爲起稿草圖。十九世紀末出現了英國水彩畫派及英國透明水彩畫法。因而水彩畫在西美史裡地位提高。此時正值日本向西方學習西洋畫的年代。

二十世紀初期，水彩在日本大受歡迎，原因係日本向來水墨畫和書法十分發達，再加上木刻水印版畫、膠彩繪等屬於水溶性之媒材很普遍，故日本人對西洋水彩畫一拍即合。水彩畫很能把東方與西方，傳統與新時代作巧妙結合。此外更因輕便價廉，故迅速成爲當年日本藝界之主流。

十九歲就受到大下藤次郎著作「日本水彩寫生旅行」之啓發的不破章，特喜好旅行寫生。他不只行遍日本，到過台灣，也到過歐、美等地，從年輕起，對此道熱衷不已。他選擇較其他媒材方便的水彩。

不破章喜用的水彩紙是：Arches、Wattman（華特曼）；顏料則好用日製Holbein牌[23]。

22 狩野博幸：《日本美術史》（東京：1922年）。
23 沈國仁、施南生口述。2009年5月。

2. 技法（skill）

不破章師承石井柏亭，石井氏擅長人物，尤其是風景裡的人物。其筆觸輕快活潑，喜用重疊。這些特點，在不破章的作品上可以看得到（兩人也有不同點）。

明治以來日本美術界人士，因受西方寫實或自然主義畫風之影響，高度主張素描之重要。筆者台灣師大美術系昔日的師長如李石樵、陳慧坤、李澤藩等台籍老師均強調「素描就是一切」。另外受業於留歐之徐悲鴻的門生孫多慈，亦非常重視素描，尤其是人物素描。彼時凡受西洋寫實繪畫洗禮者，幾全重視素描。

不破章在彼時環境強烈薰染，當然訓練出相當好的素描能力。從他一九三二年的〈描繪O君〉、一九五六年之〈三人姐妹〉，及一九九三參加文展之〈裁縫女〉（見066頁），一九五三年之〈二女〉等略有不透明畫法之水彩人物畫，可看出它具有相當程度的學院派素描造詣。唯不破章並非學院派出身。

根據與不破章常在彰化地區作畫的施南生口述，不破章只要四周觀察一番後，立即胸有成竹。他先用心注視所要描繪的主題中心點，目不轉睛地用鉛筆從主題點起筆，一段段銜接相續地向四邊發展，他不須先用長直鉛筆線勾勒梗概。當向四周輕鬆勾繪後，鉛筆又回到主題中心點，此時起草構圖工作已妥，再以鉛筆筆觸淺略區分出明暗面。此乃不破章敷彩前之工作。

沈國仁口述說，不破章「只要坐下來，心中構圖已成」。他看到美處，立即動手，由此可知其速寫能力是相當具水準的。不破章之速寫技法，事實也充分反映在水彩用筆上面。其技法解述如下：

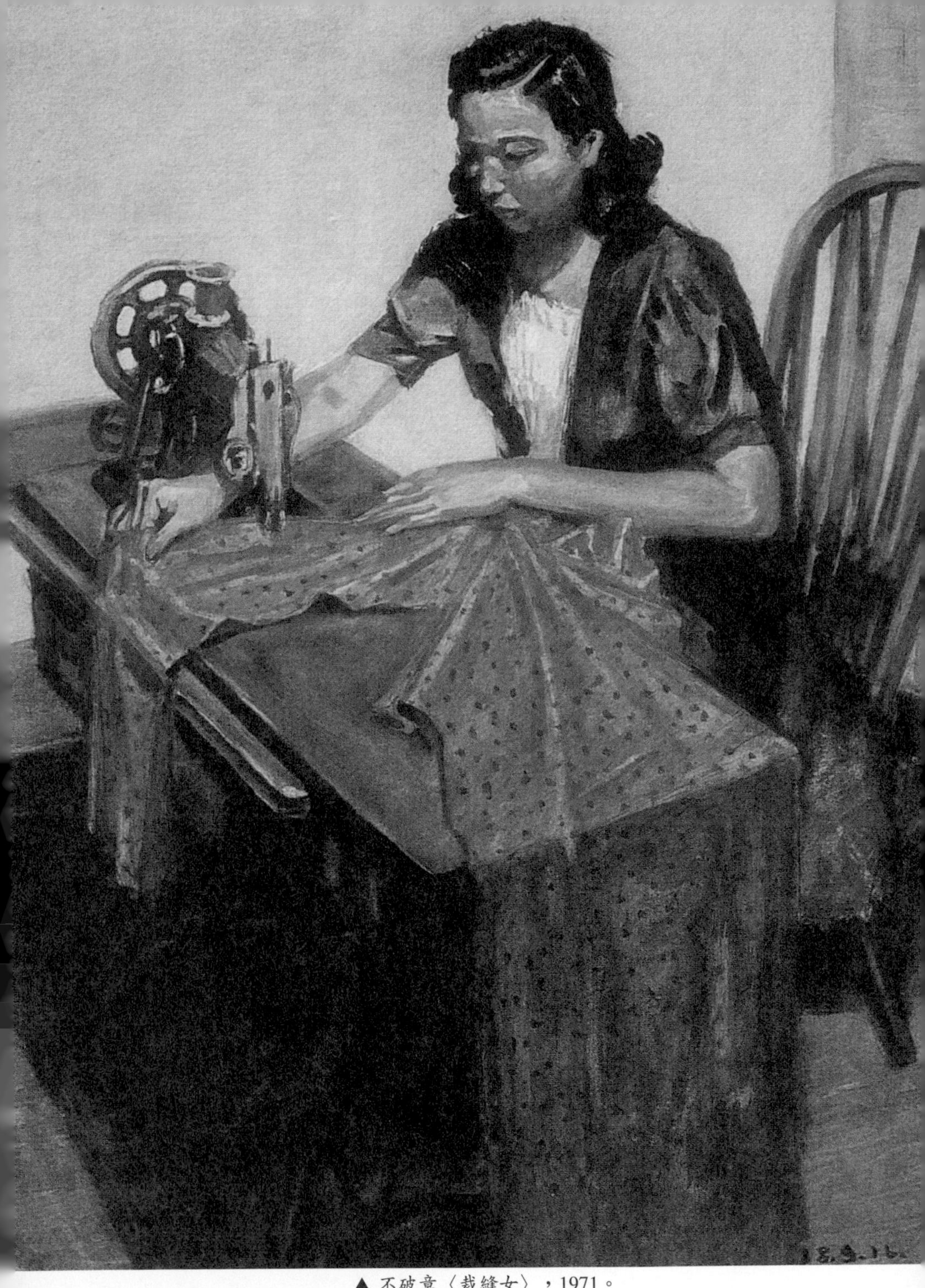

▲ 不破章〈裁縫女〉，1971。

- 透明畫法，源自師承。重疊是透明水彩三大技法要項（渲染、重疊、縫合）之一，不破章堅持「重疊而色彩不能髒濁」。不破章使用重疊最多，其次縫合，渲染較少，天空雲彩小部分常用渲染處理，地面景物甚少用渲染。
- 使用透視遠近及空氣遠近法。兩者交相運用，使畫面景深表現很確切。唯其空氣遠近法，係以降低遠景彩

▲不破章早期人物畫。

度和遠景複雜度，或改變遠景色相，減少遠景事物圖像之筆觸、肌理、層次。他不採用一筆輕易帶過之遠景渲染法。

- 大小、粗細合用的筆法——根據沈國仁口述，不破章寫生時，常用嘴順筆或潤筆。其作用在調整筆毛之大小，或略改筆毛、筆尖的狀態，是爲求隨心所欲的筆觸，有如水墨畫家常在硯台上轉筆壓毫的動作。
- 不破章的筆觸有力、快速、活潑，而且非常自信肯定且有效果，該粗能粗，該細能細。
- 現場與大自然對話。不破章主張直接面對大自然，不藉助相片。據張煥彩口述，一九七〇年代初期與不破章畫員林鄉景。目睹不破章處理遠景，印象中是快速而有效的。很能掌握氣氛。氣氛是烘托畫面的生命力的重要條件。
- 一定要把空氣當作一種顏色。不破章擅處理相同事物、相同固有色在遠近不同的空間裡，其色彩必不相同。成功的空間感表現，緣自這一觀念之善用。

3.風格與品味（style & taste）

在地畫家們對不破章的觀察，都認爲他是位極度專注於繪畫，且自我約束力很強的畫者。他每回來台，均訂一個月的奮勉作畫。他天天外出寫生，下雨天除外，並給自己訂定完成五十件作品的目標。

不破章畫圖，從構思、描繪到塗彩，都秉持非常認眞的態度及強烈企圖心。作品風格始終如一，早期到晚期皆係「一味攻到底」的執著，注重寫實眞實感，維持穩重平衡安定，但亦重視情境格調的提昇。他創造出田園牧歌式（idyllical）的浪漫及有人空間的溫馨風情，成功地表現出他的日本師承以及他

自己獨特畫風，與同儕略異的水彩審美觀。

其水彩畫呈現了不破章個人那優雅、細膩、周詳的人格特質。其爲人感情豐富（因此得有了與本地畫家相會互動之緣分），修養到家，言而有信的處事風格，其實都忠實反映在他的作品裡。

● 田園詩章式的浪漫溫馨

不破章能畫山、能畫水，但他偏好畫人文景觀圖像，是對人文教重視的畫家。這一點與石川氏或早期張煥彩等人純風景情懷的作風不同。但不破章與石川、及沈、張、施本地畫家同屬田園自然主義傾向者，取自然景物的一部分，而盡可能不改變形狀地表達出來。

具象寫實繪畫表現浪漫、抒情，原本較之抽象畫或抽象性較強，一切盡在不言中的繪畫，要困難許多，它必須具備若干「脫離現實性」的條件。不破章畫作表面綜觀是寫實，但其中的形象實在是由筆觸所演變的符號表意而成，充滿了意在筆先、筆到意已到之玄機妙趣。畫中圖像並非西洋傳統寫實繪畫的著相刻畫。一般著相刻畫，展現著形體的美感及描繪巧奪天工的逼眞驚奇感嘆，而不破章畫中事物，若單獨觀之，其說明性，描繪相似性並不強烈。然而其筆觸色塊符號，如同有節拍之靜態音符，四面八方，交相唱和呼應與輝映。這符號式的筆觸，充滿著輕鬆、從容自在、無爲不刻意強求之感。但當它們整體湊合之後，卻能結合成不破、不分，處之有章法，見眞章的畫面。這當中，自然而然地每個細部都留有觀賞、判讀時的想像空間——即是提供觀賞者在不知不覺間發揮自己辨識、塡補的機會。當一個作者能夠提供他人這個「自我塡補」之機會時，就容易產生浪漫風情之感，才能獲得彩韻。有韻，意

即「有餘音繞梁」之境界。於是舒坦而無壓迫之美感生焉。反之，凡細膩描寫，力求絕對逼眞的畫風，往往會產生「壓力感」——即一種好像被別人強力指示下的壓迫感。除非畫面之場域或空間之呈現，是非現實性的。因爲非現實性的空間，不管寫實細膩與否，均可讓人自由心靈馳騁。

不破章畫作雖屬現實（自然）場域，唯能提供極大之疏鬆空間。故觀其畫，並不會感覺受到壓力征服，反之卻有被邀入畫，同享悠遊畫裡世界之舒適感。

●「結廬在人境，而無車馬喧」和和風淡泊，靜謐情趣。

安靜的前提是安定。不破章與石川氏相同處是採用穩定的「中景水平構圖」方式，地平線與地際線雖常被景物遮住，但仍然明確地存在。加以不破章擅長安排及建構垂直線，如樹幹、電線桿、建物之垂直線等等，使畫面之結構，因有俱足的水平線及垂直線而大大提高了安定性。

除此，畫中人、事、物與眾生（禽、畜、鳥、蟲等）之體態動作也都優雅閒談，甚少出現大動作，未曾見及畫裡風拂樹倒、奔人走獸、大雪紛飛和雨勢驚人，也少見運動，打鬧、追逐等動盪畫面。一切圖像唯心造，穩重恬靜之心情，自然流露畫上。

不破章除了是水彩畫家外，同時也是一位企業家，繪畫天地就是他的桃花源。繁忙、緊張的事業生活，當然需要放鬆恬靜的精神生活。他以繪畫洗滌、淨化並提升心靈空間與層次。這種心境提昇，自然轉化爲畫上的無爭及安祥。其畫裡恆常風和日麗，畫寒帶，如雪景，畫面不寒；畫亞熱帶如台灣，畫面

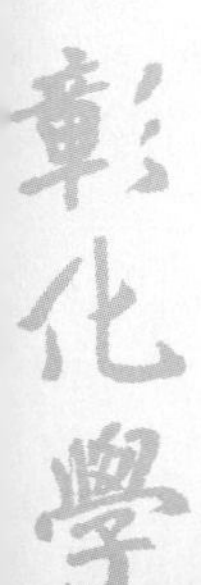

不燥。不破章用色傾向暖色，又擅長寒暖色相制。儘管所畫者爲寒冬，也不會以全然寒色系表之；所畫爲台灣炎方[24]之地，亦能以藍、綠色氣調處理畫中色溫，使之畫中溫度不過高，才能營「和風」氣氛。

● 中彩度與高明度之用色

一般受印象派理論影響的畫家，通常好以高彩度、高明度的用色來呈現，如石川氏及更早的黑田清輝，乃至於台灣的楊三郎等等。

不破章無論所畫是日本或台灣的景色，均用高明度及中彩度。不破章喜用沉穩色調——用有彩度色的間色或再間色，以顯淡雅高貴。但用淡雅基調，必須加配較強的明暗對比或光彩，才能顯現一定強度之節奏。不破章用高明度的技巧，讓畫面有力，同時才能表達它所重現的「陽光遍滿大地」。

(2) 就內容（content）討論

1. 題材（subject matter）與對象（object）

不破章畫作以田園、自然風景與人文景觀爲主題。他沿襲明治時期以來到二十世紀初，日本人盛行的旅行寫生，係「隨遇而安」的紀遊作風。作品內容「地不分東西南北，人不分男女老幼」，隨機逗趣，日日有畫興，處處得畫緣。其題材大抵屬於常景之像、眾生之相。不破章以平等心、平等眼處理入畫之人、事、物。

不破章題材，從一九三〇年起，常見的有庶民居家圖像、日本溫泉勝地、雪景。一九五三年左右的歐洲、希臘風景。

24 早年日本人稱台籍畫家所畫的台灣色彩。也指台灣。

一九六〇年代日本秩父山（早期石川也畫過）、大原等地。一九七〇年代的台灣風景，青天白雲綠野、田園、磚舍黃壁、竹林遠山、農莊、宙宇、市場、河邊浣衣婦、工地勞動人、溪邊戲水人、城鎮裡路人甲乙丙、田裡忙碌耕稼漢等等。此外古蹟、吊橋、鐵橋火車、車站月台繁忙景像等等。以上皆用觀察後經過歸納及轉化的具象表達。

大體上不破章所選擇的題材，即是本文題目——和風麗日下的田園圖像。在煦陽、朝陽、艷陽、夕陽下各種因十分不同，陽光改變下的景物色溫、色彩、色氣、色調，所有人畫題材盡屬健康、正向、積極、富希望、有生機。

不破章之作品絕少出現陰霾、風雨、雷電、暴風、大雪紛飛，或黑暗夜景之題材。外在因素係這些天候狀況不利水彩寫生；內在因素係畫者本人健康心理之美感取向。

2.象徵（symbol）與意義（meaning）

佛經說：「心淨則國土淨。」表示一切唯心造。繪畫與文學、音樂等同是人們探討生命意義與生活經驗的結晶，其美感及內容方向選擇往往決定作畫者之倫理、價值或生活觀。

不破章爲人奉公守法，注重倫常友情，中規中矩，內心充滿仁愛與光明。他把秀麗風景，不分台灣或日本，皆將之與熱忱的心、眞摯的人融化昇華爲有情山水，曼妙田園綺麗情調。爾後以渾潤的色彩與篤實的筆調表達出來。作畫時能與對象交融合一。每動筆，能忘懷萬慮，神即入畫與山河萬物，有情眾生和光同塵。故其所畫事物，無貴賤輕重，各於畫中顯現存在的價值與美感。

無論寫意、具象，現實或想像，繪畫的價值乃在形象之上，以及點、線、面之內，色彩之中。如果所使用之語彙、符號越清楚強烈，則其象徵意涵即會更深邃廣邈。古詩：「入門

休問榮枯事，觀看容顏便得知」這句話可以貼切地形容繪畫藝術。意義藏於圖像表徵之內。

● 在不破章的畫作中，抒其愛物胸懷，自娛其情，無矯作之心，無不滿怨懟之情。

不破章作畫取材自尋常人間，注重藝術功能的「興」、「觀」部分，而無有「怨」的成分。此處「怨」係指渲洩，批判或抗爭（resistant art），如可可西卡，或美國的班・塞（Ben Shahn）、或杜米埃揶揄權勢、富貴之傾向於表現主義的畫風。

● 追求文靜、雅緻不染塵。

不破章畫境，疏曠簡淨，淡遠靜逸。擅長用空氣遠近法，把大氣看成是色彩的一種，故景深空間之處理適宜，畫裡容積量大，平遠開曠。用筆洗練，筆筆生動，言簡意賅。使用透明重疊畫法，色彩剔透乾淨。其人作畫取景均依自己心情投射。畫中人物，動作溫雅，沒有緊張、扭曲、奔躍之象，流水不湍急，草木少動搖，畫面處處安逸祥和。

不破章之取材，除了少數依些像車站那麼熱鬧之外，把工業、產業文明之元素帶入畫面中並不常見。他所想呈現的是生態、環境未被破壞、汙染前的乾淨人間。前述不破章把空氣當作一種色彩是指空氣中水氣之多寡厚薄，而非空氣中之污染雜質。

● 景物莊重，草木華滋。

不破章善用垂直及水平線條，使畫面極為安定，複加以素樸古典用色，乃呈現靜穆及莊重。他喜好表達深具歷史感及歷

史價值之人文景物，如古蹟、老屋或名剎或橋梁、古塔等等，這些元素都能增加作品的莊重感及典雅氣質。

另外，他亦好表達生機綠意盎然之花草、作物、樹林，帶給畫作欣欣向榮之感。

● 陽光普照，風和日麗忘憂之境。

石川氏曾用「光之鄉」形容台灣。陽光在台灣，光明輝煌，照於十方，這是熾熱的海島型氣候之水氣，反映強烈日光所致。石川於一九一八年回日本發表〈台灣寫生地〉說：「台灣風景很好，容易描繪。在現場描繪時，見其色彩非常明亮。我經常被他的自然美景所眩惑，並且以強烈的色彩來描繪之。內地（指日本）的風景，就色彩而言是較隱晦模糊的……」[25]

這段話適於形容不破章在台之畫作。他與石川相同的是眩惑於台灣強烈的陽光，兩人都能忠實地表現「光之鄉」裡陽光的亮度。但兩人不同之處是：石川的台灣畫作較具台灣強烈高彩度色彩；而不破章在日本或在台灣兩地所用之彩度並無太大差別。石川所想要的是台、日兩地的異元素，學習用「台灣之眼」欣賞、研究台灣；而不破章仍以「日本之眼」很努力地觀察、記錄台灣。

（三）作品分析

本節所選取解說的畫作，係取自頂新和德文教基金會所收藏中屬於彰化地區采風之圖像，並引用康原[26]爲畫作所寫的台語詩。

25 湯惠美，(2008/1)，《與石川欽一郎互動——倪蔣懷、藍蔭鼎、李澤藩的水彩創作之研究》，國立彰化師範大學藝術教育研究所碩士論文，頁117-118。

26 康原，本名康丁源，1947生，彰化詩人。

1. 鹿港

這是繁華褪盡了鹿港，遙想當年日茂行生意全盛時期，掛帆商船從海上入港溝溪到市集，十宜樓文人墨客酒酣吟詩作對的年代。

▲ 不破章〈鹿港〉，1971。

畫中櫛比鱗次的屋舍，樓閣、圍牆之紅磚，康原詩「磚仔厝　紅紅紅」，多麼雅緻。而一九七〇年的舊鹿港也已老態龍鐘。

不破章以中低彩度之赭紅與銀灰，記錄了歷史所留下的高雅。畫裡煙囪，透露出彼時瓦斯爐尚未普遍，一般人家還是燒柴、粗糠或燒煤球炊飪的社會經濟狀況。而從天線，吾人知悉一九七〇年左右，無線三台已設立，黑白電視開始流行。

這是暖和冬日，畫中一婦人綁著頭巾佇立休息。那些正晾曬的衣物，與背景形成反差，並與畫中人物得有呼應之作用，而生靜音韻律破除寂寥。竿上衣服未有翻動，配合天空瀟灑筆法，雲色淡雅，表現出風和日麗之象。鹿港常常如康原詩所寫「海口風，休休叫」。

畫中央雖有圍牆，但有畫到地面亮光，暗示視線可以續向左轉。故有山窮水盡疑無路，柳暗花明又一村的摸索前進，景深可期之興悅感。

2. 彰化媽祖廟（南瑤宮）（見 078 頁）

康原台語詩云：「即馬（現在）宮口已經改形」，指一九七〇年不破章所畫的南瑤宮，現今前庭廣場景物已完全改觀。四十年前，台灣經濟起飛，到處欣欣向榮，大興土木，往往一夕之間滄海變桑田。社會步入更繁忙的階段，山川景緻變色，人情也淡薄了。台灣成了忙碌，無自主及疏離的生活場域，因此人們更需要心靈慰藉，此時正是台灣進入宗教發達，寺廟大增輝煌的年代。

四十年的流金歲月，畫中屋舍與菜圃早已是「此情此景只待成追憶」，唯獨南瑤宮更加香火鼎盛，求籤問神的信徒們更比昔日倍增。

畫題爲〈南瑤宮〉的媽祖廟，廟之建築主體卻大部分被擋住，作者似乎故意使用「猶抱琵琶半遮面」的手法，增加該寺廟所給人的想像空間。半露出來的廟宇屋脊，像是極有自信且肯定地昭告「我矗立於此」。廟的屋脊雖尖而強，但其他屋舍也有三角尖端之屋頂，尙能應和。

較強的線條是天際線，起伏頗大。不破章以前景菜圃與道路爲水平線，愈往上愈是斜線，是由下方直，到上方斜的漸層安排。

而近景綠色菜圃，除了與紅磚屋對比調和外，菜綠色也與廟宇的黃綠遠近呼應，使得前後景之關係更密切。天空永遠淡色明亮，用色雖淺，卻每處都至少重疊兩層以上的色彩。

3. 員林打石巷（見 082 頁）

打石巷是與民生路平行的一條巷子，東邊接熱鬧的第一市場，西邊接蕃薯市，是員林鎮內非常有特色的地方。打石巷自古以打造石頭墓碑而得名。

在一九七七年不破章畫本作品前，巷口尚有一家賴姓老闆之南北貨店，有一家劉尊禮中醫舖，蕃薯市有家老芋ㄚ賣大餅。巷裡多家山料店、箍桶店、金紙店、林永發木屐店以及洪連福蜜餞廠等等。本畫呈現標準的傳統庶民圖像，典型農業性格的小鎮風光，處處維持舊式的方式和風貌。一九五〇～一九六〇年代，打石巷終日可見賣鳥梨糖的小孩、粉圓攤、碗粿攤的流動攤販絡繹不絕。如今物換星移，景物全非。

本畫作中的老屋舍，如今所剩無幾，街貌也與昔日不同，唯孩童圍繞坐地嬉戲，古早的打石巷就是如此，看起來格外親切。本畫作堪稱是鎭誌歷史圖像，藉之可明白彼時社會經濟狀況。

▲ 不破章〈彰化媽祖廟（南瑤宮）〉，1971。

不破章下筆從容，各個局部筆觸堆疊其實非常重意不重形，但也絕不失去準頭。由輕鬆的諸多局部，組成莊重嚴謹的整體，感覺才不會有緊繃的感覺。一些乾刷的筆觸，表達了景物及事物斑剝年代之久遠。

4. 埔心（彰化）（見 086 頁）

不破章的畫法是「藏巧於拙」，不使用技巧、過度寫眞刻畫及圓滑熟練的表現方法，故其畫面較無咄咄逼人之霸氣。

在繪畫上，十分巧並非最佳，七分巧三分拙較爲妥當。太巧則常拒人於外；略拙則較易引人同情共商，過度技巧，與「俗」爲鄰。不破章手法顯然大智若拙，其實可見奧妙機鋒，藏於含蓄雅拙之內。

本畫作採水平線由上往下漸漸傾斜，最斜之線處，即是婦人浣衣之岸邊，也是重點所在地。以人的最大動作當作畫面重心。不破章筆下之人物表現生動，素描正確，但不繁複。

不破章亦準確捕捉到台灣鄉村色調，由綠水、碧野、幽竹所譜出的翡翠台灣。本畫作完成於一九七七年，畫面透露出的訊息是鄉下尙有淳樸民風，水塘河川尙未遭受嚴重污染，連空氣也很潔淨。此時期，台灣退出聯合國不久，國人之不安情緒轉化爲尋根意識。尋根的本質是企求獲得一處有形或無形的安身立命之所。故原本不受國人重視的鄉村調性及價値，突然成爲彼時國人的心靈故鄉，因此不破章此類型之畫作，深得國人之心。

今日埔心鄉成了最有名巨峰葡萄之產地，有名的葡萄隧道在此。收成季節，果實盈鄉，遊客滿村。多了彰化署立醫院，然而昔日員林地區八景之一的柳橋名勝，已被東西向快速道路擠掉了它的美感。柳河附近的武聖宮，原本倚田傍綠的古樸雅緻業已為巍峨廣宮取代。幸好羅厝百餘年之天主教堂，迄今屹立不搖，只是不破章筆下白鵝划水的溫馨美景，恐怕重尋無處。

5. 員林東山一（見 090 頁）

東山是員林鎮最靠東邊的一里，為前往草屯、南投、芬園之必經地。山腳路經此，北通彰化，南至二水。

畫中之東山里街道已是上坡的丘陵地，沿畫中路再向前行，即見開漳聖王的部將馬舍公廟。往前行再上山坡，便是大員林地區之公墓，唯如今（2008）已盡遷移，大片空地將興建為公園綠地社區。東山、東北里或黃昏、梨頭厝等都是山麓聚落，居民種植楊桃、龍眼或鳳梨等等，山麓竹林廣種。昔日東山有不少人靠著入山除草藥販售以維生。不破章這件一九七八年所繪之畫作，尚不見新時代之生活樣貌（本文結語將有今日照片與本畫作，作今昔變遷之說明），因為這還是台灣經濟起飛的初期。

赭黃色調適足表現八卦山麓之黃土色調及中台灣熾陽之燥熱。

6. 員林東山二（見 094 頁）

本畫作由於不破章明確地使用上下重複的水平線，加以房舍的垂直線，故畫面非常穩定。屋頂天際線的起伏，常帶給畫面活潑的律動。

本作品用色依舊古雅，土埆厝和東山地質大抵屬於黃土色系。作者運用輕快的土黃色，忠實又準確地表現了八卦山麓的黃土色調。輕鬆的筆法帶出了鄉間的寧靜舒適，遠方綠色消除黃土色的乾燥感，尤其是畫右方那片房屋暗面，所用的青紫

▲ 不破章〈員林打石巷〉，1977。

色，更扮演了滋潤乾燥感覺的重要角色。

前景雙鴨相對看，遠景兩人相對話，前後呼應，增添不少趣味。作者在前景安插一些綠色，巧妙地使前景與遠景綠樹林緊緊拉住。

7. 員林萬年里（見098頁）

康原爲本畫作台語詩：「綠色的菜股／赤色的田土／田頭的厝宅……」田畦（菜股）的線條向田頭的厝宅集中、延伸。這是明顯的一點透視構圖。地面與天空寬度接近黃金比例，大地產生寬闊飽滿感，明顯的水平線及地平線，使畫面安定。

在此，不破章洗練、肯定、沉穩的畫法表露無遺。結語文中，亦以今日攝影圖片比對本畫給予變遷的說明。

伍、和風麗日下的互動

台灣四季如春，陽光燦爛，早年石川氏爲文讚爲「光之鄉」，大多數時間盡是和風麗日，景色宜人。而台灣文化或社會風俗民情及價値觀，也處處充盈著「和風」——日本氣質、風格或內涵；且十九世紀以來，日本太陽旗也曾經半世紀之久，飄舞在台灣的天空。

台灣的「和風麗日」，正是不破章那以風和日麗爲訴求的水彩畫與台灣人士結緣的充分條件。在本地與不破章有十年、甚至十年以上互動的畫家沈國仁、張煥彩都畢業自有廖繼春等影響的師大美術系，且沈、張兩人均受過日本教育，沈留日，畢業於早稻田大學。較年輕的施南生及較晚與不破章結緣的林俊寅兩人，前者一九六八年畢業於師大美術系；後者畢業自師大美術系之暑期在職進修研究班，皆屬師大系統，也是學院系

統。師大系統早期與日本學院美術有相當程度的重疊，這也是雙方互動的另一充分條件。

不破章來台，與之有互動還有其他人，唯本文限定地區範圍爲彰化，故僅列舉上述四人。

不破章畫作受到台灣人士之喜愛、接受的另一個因素是一九六〇年代～七〇年代起台灣自主意識覺醒，反應在文化、藝術之創作及需求。

一、互動的時機與環境——自覺的本土文化意識抬頭

不破章一九六九年首度來台，當時台灣畫壇存在著三股勢力：第一是國民政府以推展大中國意識爲統治法寶而提倡中原文藝之地位和影響力，乃力挺渡海畫派，以張大千、溥心畬、黃君璧、馬壽華、梁氏三兄弟等等；第二是新移民之非台生的第二代，他們擷取中國繪畫中之氣韻生動，結合超現實主義之意識流、自動技巧以及由此主義演變的抽象表現主義與歐美戰後新思潮，成爲所謂中國現代水墨畫；第三是曾經在和風麗日薰洗過的台灣本土第一代畫家。他們在官辦全國、全省等展覽持有相當大的影響力，其所努力維護這當然是法國、日本移植而來的寫實繪畫及外光風景畫，無論在油畫或水彩領域皆然。此時期仍非美術館或畫廊時代。個人若想在藝界嶄露頭角，多數必須經過官辦的競賽展覽，而這些競賽之生殺大權大多數掌握在寫實派或類印象外光派的畫家手上。

故此時期的美術環境是利於不破章的外光寫實作風，更何況此時第四股力量——本土藝文之自主意識，正鴨子划水般地漸漸覺醒。

看彼時藝壇以外的社會環境文化氛圍，渡海畫派鼎盛的年代，其實也是反共八股文藝的巔峰時代。巔峰過後，反彈的

▲ 不破章〈埔心（彰化縣）〉，1977。

力量就會出現。一九六〇年代後，台灣土地重新分配的政策實施完畢[27]，抑農重商的計畫生效。隨著商業人口大增，台灣本地人原本安分守己，聽天由命的農業性格漸由不安現狀的商業性格所取代，人們漸漸無法容忍那壓抑自主性的政治目的之種種，包括藝術。

當人們對未來開始不安，又對政治掛帥的藝術、文化反彈，只有走向兩條路：第一是轉向內在探索，步向較爲虛無的現代主義（深受存在主義的影響），第二是尋根探究，回歸鄉土。不破章始來台的年代，正是台灣藝文界部分開始朝第二條尋根探究之路起步，而第一條走向現代主義已走一段路了。第一條路的勢力，對不破章應無助益，第二條路之微弱力量，對不破章反而是利多的。

一九七三年，不破章第四度來台，「回歸鄉土」，已由種子而發芽了。一九七〇年代初期，國際情勢逆轉，促成台灣人意識的改變，對前途命運之關心而觸發了本土、鄉土意識的滋生，知識青年對舉國崇洋風氣的反省。李雙澤曾在初期校園民歌演唱會時，拿著百事可樂的瓶子，呼籲美國文化深度影響的嚴重性。對西方文化之反省，連帶產生對中原文化在台灣的省思與批判。

鄉土藝術（含繪畫、文學、音樂等）應可指爲描寫農村田園風情及農民之淳樸敦厚，其中有一派漸漸發展爲現實主義（含繪畫及文學）。就繪畫領域來說，一九七〇年開始發展成：

A 描繪現實狀況——從繁忙、壅塞到貧困老舊的鄉城風貌。尤以逃避科技及消費商業文明，而潛入本土人

27 《台灣文藝》第105期，（1987年5～6月）。

文、地文、自然等符碼圖像世界，抒發懷鄉情懷。在此時，遠在美國緬因州的安德魯．魏斯[28]成了此間許多這類型畫家的景仰對象。

B 以挪借彼時出現在歐美的照相寫實主義繪畫之觀念與技法，表達台灣城鄉風貌之狀況。從牛車、斷垣殘壁，到都會之反光玻璃帷幕大樓、汽機車、火車、飛機等，代表現世工業文明之圖像。

此外，一九七三年素人畫家洪通和雕刻家朱銘舉行盛況空前的展覽，成爲台灣美術界鄉土運動的首棒開跑者。這一年雄獅美術雜誌提出「誠篤質樸，重視本土文化」的革新和獻辭[29]。從一九七三至一九七七年，正是台灣鄉土文學、文化論戰白熱化之際，也正值不破章最勤來台，與本地畫家互動最密切的時間。此時台灣美術界流行以寫實的風格表現農村田園的題材，以風景寫生爲訴求，使用西方傳統手法，但其態度與精神朝著社會、人間關懷進行。但尚未到達西洋美術裡「社會寫實主義」的標準。鄉村田園風景（含人物）在這段期間獲得相當程度的重視。這就是不破章與本地藝術界一拍即合的重要原因。

本文設定本地與不破章互動的畫家爲：

A 緣起的牽線者沈國仁。

B 本縣籍的張煥彩、施南生及林俊寅。（沈國仁、張煥彩、施南生三人專攻水彩，林俊寅則以油畫爲主，也畫水彩。）

台灣美術界西畫領域，從日治時代起就重視師承，講究輩

28 安德魯．魏斯（Andrew Nowell Wyeth，1917～2009）美國當代重要的新寫實主義畫家，作品以水彩畫和蛋彩畫爲主，以貼近平民生活的主題畫聞名，作品已被相當多的博物館、藝廊重視與收藏，包括了美國國家畫廊。

29 《雄獅美術雜誌》，革新號（1973年）。

▲ 不破章〈員林（東山）一〉，1978。

分、倫理。沈、張、施、林學習成長過程中，便繼承這種倫理價值觀，以及此價值觀下的審美取向。

（二）與本地畫家及作品之比較

沈國仁一九二四生，張煥彩一九三〇生，施南生一九四一生，林俊寅一九四〇生，而不破章一九〇一生，比本地四人多出二十～三十歲。故倫理上及經歷上當作老師輩綽綽有餘。根據四人口述，不破章常常提供一些具體的改進建議。

一九六九年不破章來台之前，沈國仁任教國立藝專，擅長水彩、風景與人物畫，畫風成熟。張煥彩任教於員林中學後轉員林家商，師大畢業後作畫不輟，擅長水彩風景，尤其樹林的層次及樹叢的容積感、遠近前後之關係，均相當有水平。而施南生甫自畢業時，喜用強烈鮮艷之不透明水彩畫法，融合了李澤藩的厚重、馬白水的大塊及高彩度互補色。三位大多以學院風格之具象風景畫爲主打。在媒材方面，則一味攻到底地只選擇水彩一種。至於較晚結緣互動的林俊寅，油畫之使用多於水彩，其油畫、水彩畫風頗爲接近，均採仔細描繪之畫法。

此四位本地畫家，依其題材、內容、形式、個人風格、精神等來看，可視爲台灣田園派風景畫家。他們分屬台灣第二代（沈、張）及第三代（施、林）畫家。學習、茁壯成熟約在戰後的一九五〇～七〇年代。值台灣藝術界開始對台灣本地生活環境產生信心和興趣，發覺故鄉原本深具田園牧歌式的抒情美感。這四位本地畫家用眼、用心努力創作自然與人文景緻圖像，承載了環境及歷史因素自然延展之必然塑造，成爲台灣田園風景畫之表現者。

不破章與一九〇七年石川來台，都有著類似十六世紀葡萄牙人初見台灣時發出「Iiha Formosa」之驚嘆。兩人均愛上

綠色而陽光充沛、生機盎然的南島。不過兩人不同點是，石川兩度來台均久住，故對台灣氣候、色溫、生態、民情及族群性格之認識較不破章深入，所以石川才有「台灣是光之鄉」的敘述。而不破章來台八次，唯每次來台三十天，除了努力寫生外，並未深入土地、民間，徹底親近台灣，一如高更長住大溪地，娶土著女人爲妻，而能深度拿捏大溪地的純眞原始風味。當然，以不破章來台的時間而言，有如此的成果，已屬難能可貴。從某一角度來看，不破章畫上流露出對台灣的關愛及興趣，勝過許多暫居台灣島上之畫家們。

不破章用日本眼睛，欣賞、觀察研究、傳寫描繪那異於日本之台灣的種種。

(1) 融入程度比較

所謂融入程度，決定於創作態度，而創作態度與創作者之個性、性格及對繪圖功能之看法息息相關。畫者有「跳出」與「融進」不同的態度。「跳出」之態度，係指畫者作畫時自我意識明確，過度清楚知道「我」在畫某一對象，對象在「我」高度技巧的塑造下逐步符合繪畫原理，而漸趨普遍所稱之完美。而「融進」態度指創作時，創作者融入對象，物我合一，此時移情作用達到最強。意識流在創作者毫不察覺時，主掌了所有創作動作。史汀、梵谷、席克等比較接近「融進」態度創作。「融進」的條件或前提應該是指創作者與對象有極深濃的感情交融，彼此之間了無距離，也無障礙。

兒童時期的繪畫態度大抵係「融進」的。於此舉鍾肇政小說《魯冰花》拍成的電影。電影中男主角美術教師對學童林志鴻說：「你畫的廟，爲何與去年所畫的一模一樣？」並告訴學童這一年間寺廟周邊內外發生過很多的變遷。而老師更欣賞

▲ 不破章〈員林（東山）二〉，1978。

另名學童古阿明之自主無拘無束的大膽。學童古阿明死前以一幅「茶園抓茶蟲」的畫作獲得世界大獎。「茶蟲」之題材，正因古家爲茶農，古阿明因日日與茶爲伍，茶對古家極爲重要，茶蟲即成爲古阿明揮之不去的恐怖意象。所以「抓茶蟲」作品中，每隻茶蟲都比抓蟲的爸、媽造型還大。此乃有眞實的生活融入，融入生活，才能產生「融進」的創作。由《魯冰花》[30]來看，鍾肇政對美術的觀點是正向的。

不破章係旅行寫生，來台創作態度是誠懇、尊重與愛惜，新鮮、好奇與震懾。類似一見鍾情的戀人，在初發「鍾情」階段，所見一切皆美，當然尚無法體會深入交往後的眞實狀況。

由於本地四位均生於斯、長於斯的畫家。從屏東到彰化並無太大差異，因此沈國仁之畫作與張、施、林三人同具濃濃的「炎方」特質。在作品的融入程度，本地畫家與不破章有些不同，如下：

- 色彩年輕化。沈、張、施三人畫作色彩飽和度高。爲了配合亞熱帶氣溫、色溫，他們不只使用明暗對比，強化光線感覺，更提昇彩度以配合之。自主提升，是一種較主觀的色彩用法。而不破章在台灣依舊以他在日本作畫時所慣用的典雅沉穩的色調，表現他所見到的台灣印象。以古雅不艷麗的用色，自然較不易表現出台灣生命力之旺盛。而本地三人之應用高彩，色氣展現了台灣之盎然活力。
- 本地三人是田園風情畫，而不僅是田園風景畫。他們畫裡，空氣中飄溢著泥土青草、稻禾味、農家豬糞味、農夫汗臭味。凡有接觸農村環境活動經驗者，均能在張煥彩、

30 鍾肇政著，〈魯冰花〉，1959年發表於聯合報副刊；1962年，《魯冰花》，台北：明志工專出版；2004年，台北：遠景出版社再版。

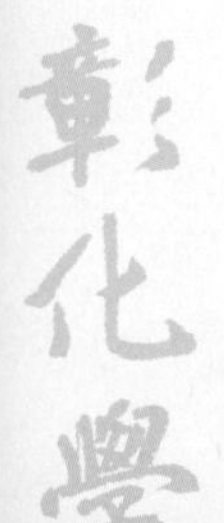

沈國仁的田園風情畫裡嗅聞到這些熟悉氣味。而不破章的台灣風光，比較像是用了有香水味的顏色，除去田園裡一些熟悉、刺鼻的氣味。

- 本地畫家筆觸活潑，有時較無章法而自由，青春活力彰顯，但難免會有不服貼的筆觸出現。大體上本地畫家均有能力掌握住環境的氣息脈動。
- 張煥彩最特殊者是他的代表色——橄欖綠，這是最能代表台灣山水的綠。因爲張煥彩眞正融入台灣的綠色山林田野，充分熟稔八卦山脈一望無際的龍眼樹和相思林。

(2) 技巧的比較

在一九七七、一九七八年擔任不破章在彰化地區寫生的引導人施南生口述，他曾經用二至三小時的時間，專注看不破章從鉛筆起稿到著色、修飾、整理完成。注意到以下幾點：1.不破章下筆非常肯定，只有加筆而無修改，顯現素描、速寫功夫之優越。2.無論顏色多淺、淡、亮，一定最少兩層疊色。很少使用單一色面，以及「一筆定奪」的筆觸。3.大多現場畫完。4.以生動有效筆觸，寓多於少，無單板刻描。

不破章之水彩技巧，一直都是厚實沉穩，且筆筆呼應而能相互唱和。觀其往生前的十年之作品，畫中筆觸皆能共同形成緊湊而有整理的節奏及旋律，使觀者產生缺一塊或多加一塊筆觸均不妥的感覺。不破章能把相異的山、房舍、電桿、草叢、田野、人、衣服等等，以得體、善巧，並且能彼此相輔呼應的筆觸與色塊來作整體連貫，達到更緊密之串接。一般畫者，稍不小心，就會出現如：

- 樹叢用筆大刀闊斧，以致無法與房舍、田野作物相和諧而

▲ 不破章〈員林萬年里〉，1978。

統一。

- 天空大渲染，地面多重疊，形成天地上下各說各話的情形。

事實上不破章很能掌握整體性。當然本地畫家這方面的表現也十分不錯。

至於用色，不破章很巧妙地使用壓低彩度的對比色搭配，達到典雅樸素的對比調和，也因此未能十足地表現出台灣的熱情、熾暖之感覺。

本地畫家對於形象描寫，不遑多讓於不破章。而對太陽光之表達，林俊寅使用明亮鮮豔色調（見102頁）；而沈、張、施則善用明暗對比及互補色，還有技巧性地在受光事物的邊緣留白線，以示光明。這一點與不破章相近，唯不破章除了準確掌握陽光與陰影外（他常先畫陰影部分），較能準確拿捏空氣中的水氣與厚度，及前段所提，把空氣看成一種顏色。通常水氣會遮蓋事物的彩度、明度而改變固有色。不破章之壓低彩度，其作用是表達空氣中水分的眞實存在。

本地畫家因受學院馬白水畫風以平塗、渲染爲重的畫法走向，故施、張、沈、林皆具明顯的平塗法根底，以及渲染痕跡。以施南生作品（見103頁）爲例，畫中有很明顯的平塗法和渲染運用。當然施南生也用了相當多的縫合和重疊（見110頁）。沈、張亦如是，唯沈國仁之筆法大膽豪邁，其作品常以筆觸帶出張力（見103頁）。張煥彩則筆法極能應物「像」形地運轉揮灑，與所畫對象之相似度極高（見118頁）。

至於不破章，大多數畫只有天空渲染，但不是單色渲染，渲染中仍多重疊加筆。其畫中普遍地面景物幾乎百分之九十屬於重疊加一些特殊效果，如乾擦。本地四人，較少使用乾擦或乾刷之法。

(3) 內容的比較

在當年以閱歷及旅遊的深廣度而言，較年長的不破章是強於本地畫家們。歐遊寫生經驗使不破章對都市景觀、街道氣氛的表現十分熟練，都會區人來人往，掌握川流瞬變之流景是不破章之所長。從他來台所繪龍山寺（見114頁）、屏東車站（見111頁）等，可見其人物描繪功力之高。

就本文愛用的兩本畫冊之畫作，從年輕到晚年，無論在台或日本，不破章似乎不太受景物種類之限制或影響，山到水、陸到海、雲到雪、林到田、屋到人、鄉村到都市等等，均能以相差無幾的程度、品質表現之。

關於人文氣息之表達，本地畫家的口述均表示或多或少受到不破章的影響或指導。人文關懷是提昇作品藝術價值的要素。羅斯金（John Ruskin，1819～1900）曾說：

> 透過人像畫，藝術家的長處會受到最大考驗……，眞正偉大的希臘或基督教藝術，都離不開人文的表現。

（三）交流互動

在本文四之一節（見60頁），引述沈、張、施三位本地畫家之口述整理，於本節不重述。關於交流互動之片段，於此引錄林俊寅之文字敘述[31]：

31 林俊寅2009年7月10日來信（to筆者）。

▲ 林俊寅〈台灣農村〉，2008。

▲ 施南生〈穀倉〉，2000。

▲ 沈國仁的作品。

不破章老師來台旅遊寫生與被指導年代，一九七七年，由沈國仁教授陪同到員林附近鄉鎮寫生，有張煥彩、施南生老師與我一起作畫。有天晚上，他特地到張老師家動筆修改畫作，並詳細解說，使我們獲益良多。其間台中前輩畫家楊啓東教授，由我通知，慕名而來，並借我畫具，與不破章老師一起畫員林的「打石巷」傳爲佳話。在多天的相處與觀摩學習，大家均公認在台灣的畫界，很少有人現場寫生能畫出如此高的境界。離開員林，每人獲贈一本老師著作《水彩畫入門》。

一九七八年，由日本畫家佐藤準一、坂田垣子與沈國仁教授陪同到員林，也是由我們三人與他們一起作畫。其間老師常利用空閒時間，指導或講評畫作，並示範各種水彩技法。這一年在台北的太極藝廊舉辦來台個展，我特地帶長女佳慧到台北看展。老師相當親切，看到了有小孩到來，特地到樓下買了幾條口香糖贈送，至今甚感難忘。

其他關於一齊寫生互動下，本地畫家獲得啓示與思索之例，施南生口述，他曾用機車（當年台灣汽車未普及）載不破章到日月潭。不破章看後說，日月潭類型之景緻在日本太多了，他不想畫。後來不破章選擇台灣磚屋竹舍、田園村姑、廟宇煙樓等日本所無，而在台灣未必能久留的景物。另外，施南生也觀察到張煥彩與不破章接觸之前，比較不重視存在風景裡的人物。而互動以後，張煥彩畫中人物多了起來，而且也增添了身體姿勢及肢體語言。

而張煥彩及沈國仁之口述均表示，受到不破章熱愛繪畫

的敬業精神感動而見賢思齊。且張煥彩在早年媒材的選擇，使用國產布紋紙，互動以後盡量改用華特曼（Wattman）或華特生（Wattson）、阿啓士（Arches），色彩則改用英國水彩。施南生也由往日的國產紙，改用Mameido，再改用華特生（Wattson），現階段則認爲華特曼最適用。

六、結語

（一）省思

(1) 土地認同

不破章給予台灣美術界那淡雅寧靜與莊重的日本風味，也以此風味詮釋我們家園美麗山河。不破章是日本人，當然以日本人的觀點表達呈現台灣。其畫作具備諸多優點及特點，佳構甚多。但從其作品，吾人仍可見證只有優秀的表達能力，然無法表現所畫對象的眞髓，那就是具有台灣主體性的台灣味或台灣精神。而主體性的基礎和根本，就是土地認同與歷史意識。

十九世紀歷史學家丹納（Hippolyte Adolphe Taine，1828～1893）[32]曾提到文化（含藝術）之三大要素是種族、時代和環境。優秀藝術品絕對要建立在這三大要素上面。種族關聯歷史意識、記憶和自信心；時代指每個時代都有特定的時代精神及心理狀況或需求；環境包含氣候和土地。

凡建立在土地認同的創作，終必呈現主體性價值。創作中的主體性價值，當其發揮它的藝術社會功能，便可發生影響當

32 王哲雄序，〈藝術與社會的互動——談施並錫大世紀紀事——都會系列〉，本序文收錄於施並錫著，《大世紀紀事》，施並錫都會系列I 1990～1997作品及創作理念，台北市：舞陽美術出版，頁8，（1998/3）。

▲ 員林打石巷現景。

▲ 今日埔心洗衣服的場景。

▲ 員林東山一現景。

▲ 員林東山二現景。

▲ 員林萬年里現景。

▲ 永光電器行門口。

代審美取向，或是某種時代精神與國民意志。

荷蘭歷史學家房龍[33]說：「藝術家應該認同自己的土地，創造最高的藝術——即生活的藝術，作出自身的貢獻。」

(2) 按圖畫追蹤後的感觸

不破章去世至今已屆三十年頭。這三十年之間，台灣社會急速變遷，一切都如同一九七〇年代美國杜佛勒（Alvin Toffler）的《未來的衝擊》（Future Shock）所預料那樣，原有之人事物或價值觀等等有如潮汐般那樣，舊波不斷被新波取代。經濟掛帥的消費型台灣社會，有形、無形的改變是驟然且巨大的。社會結構變了、倫理價值變了、城鄉風貌更因社區發展、進步改變而完全易容者比比皆是。傳統價值在流失；古蹟、文化資產在消失。有許多在消失的東西，其實是必須維護及保存的，那些是族群的根。

與不破章三十年前互動的本地畫家之一施南生與彰化文史工作作家邱美都曾按不破章畫作作探尋追蹤的田野調查：

● 員林打石巷（畫作見082頁）

不久前鎮公所斥資千餘萬整建打造打石巷爲地方文化觀光巷道，鋪了精美的紅磚地面。不破章畫裡的老舊巷貌，早已消失。商業機能今不如昔，早先的店鋪，如今幾乎無處重尋。唯一找到的是畫左邊的電線桿，地點沒變，只是木桿改成水泥桿（見106頁）。

33 衣成信譯，房龍著，（1999），《人類的藝術》（原著：Hendrik Willem Van Loon, The art of mankind），台北：知書房。

● 埔心（畫作見086頁）

不破章筆下清溪，當時是自然溝渠。二〇〇〇年以後改八堡二圳之灌溉溝渠。畫裡遠處那片綠竹林，如今完全消失。溝渠加蓋堤防，溝水既髒且臭。而不破章當年寫生之落腳處即是今日梧鳳村五賢路343號門前。景物早已全非，令人不勝唏噓（見106頁）。

● 員林東山一（畫作見090頁）

今日之相片看得見遠景馬舍公廟，而不破章之畫作看不到廟，係因爲昔日的店面擋住。當道路拓寬，店鋪後退，廟就看得見了。不破章當時作畫點就是今日的永光電器行門口（見106頁）。

● 員林東山二（畫作見094頁）

不破章所畫之處，原來就是江種德堂的右護龍部分，畫中央遠景之龍眼樹今已不見，爲新的水泥屋取代。而右下方之灶與井，竟然遺跡猶存，只是灶已遷入住宅裡。此處是山腳路四段37巷222號（見106頁）。

● 員林萬年里（畫作見098頁）

不破章寫生點爲現在萬年巷1～66號工廠前（見106頁）。只是他寫生所站的田地早已改建爲三樓水泥屋。中景紅磚屋還在，其他地方興建許多樓房。路的盡頭（北面）就是明倫國中，南端是員大排水溝。

在此感謝施南生及邱美都的追蹤田野調查，並提供相片圖像。今日影像對比三十年前畫作圖像，恍如隔世，一切都改變了。在感慨之後，吾人會慶幸當年有人爲台灣社會留下永恆

的見證圖像。這些圖像是彼時政、經、人文、民情風俗的無言見證，他更是全體國人一時時代精神與風氣、歷史情懷的記錄及載具。只是本地人自古以來對這些有助承先啓後之薪傳珍物並不重視，一如本地人對自己祖先所留下之文化、歷史資產，如：民俗文物、歷史建物或古蹟，往往因利之所趨而對之棄之如敝履。

（二）展望

(1) 心靈故鄉的建設

台灣自從經濟起飛後，山川日漸變色，淳樸民風消失，青山綠水不再美好。昔日那無垠綠野，縱橫阡陌；那幽篁搖曳，鳥兒吟唱枝頭；那流不斷悠悠清水，看不完的處處濃郁人情，如今何在？

本地不少人常把理想的實現，錯轉爲對名、利的追逐。盲目的努力及付出，卻換來豐衣足食後的心靈空虛。爲了選票的統治政權，絕不願眞心提昇人民的心靈層次，而努力提倡公民美學權，提昇文化品質。今日亂象處處生，不少人寧願放縱於物慾，勤樸美德早爲虛華取代。上下忘義交相利，人人居危誤爲安。

今日有識者已知改善社會風氣之重要性。欲改善社會風氣，建構正確價値觀，首先須建設心靈故鄉。

(2) 建設心靈故鄉，須藉藝術拉近人與土地、歷史的距離

無論哪一類型的藝術，從醞釀、創作、表現到欣賞，所依賴的是情感、感通，自願自發的，而非邏輯、說理、強制接受的。情感因子是非理性的，但它必須建立或據於愛、美、善。

▲施南生〈古巷村情〉，2008。

▲ 不破章〈屏東〉，1971。

審美因子是超越文字語言詮釋的極限，它也相同地據於愛、美、善。藝術的感染或感通是直指人心的。凡優異之藝術作品均是其所屬時代的精神標記，其中有藝術家的意志。能感動人者通常是以意志，「詩言志」，志乃心的力量散發。有愛、美、善之心力的藝術，必能使人感動而打從內心深處同意藝術創作者之藝術意志。

不破章與本地畫家，其富有愛、美、善之創作意志躍然於紙上。其愛善美意志正引領吾人對我之土地、我之家園、我之歷史的重視。

(3) 不破章與本地畫家給予吾人之啓發

本文所述不破章等人士，都是執著於繪畫創作，並能自我實現的人。不破章於一九七九年去世；而張煥彩於二〇〇九年去世，都是終生不輟畫筆的創作者，餘者亦是孜孜矻矻，勤於藝術工作者。因繪畫而具有自我獨處的能力，亦即因繪畫而令自己「無有恐懼」。創作者較一般人更能聽聞自己的心聲，並能忠實於自己。擁有更大面對自己與孤獨的能力，消弭生活的恐懼感。生命中一旦能去除畏懼，仍可得到優美的生活品質。若社群中多數人如此，則必能成爲一個處處充滿「人性良心」的社群[34]。

(4) 期待永恆的「光之鄉」為陽光充足的光彩地

本文開始，引達文西名言，仍在強調繪畫是「光之所賜」。〈陽光投射人影〉爲第一件繪畫作品，其涵義爲有人之關懷才有藝術性。由文化建設做起，追求人在陽光下被關懷及

34 佛洛姆，孫石譯：《自我的追尋》“Man for himself”，p.146，志文出版社。人性良心相對於極權良心。

眷顧，陽光也就是代表正向的文化、藝術力量。藉文化、藝術之力，也就能帶出道德及一切正面價值之事物。

在充滿陽光的不破章作品中的台灣景緻，雖然其有形部分，今已物換星移而不復存在。但畫中彰顯之明淨無穢，一片安祥寧靜樂利，正是今日吾等共同期待，並追求能夠失而復得的台灣精神與價值。

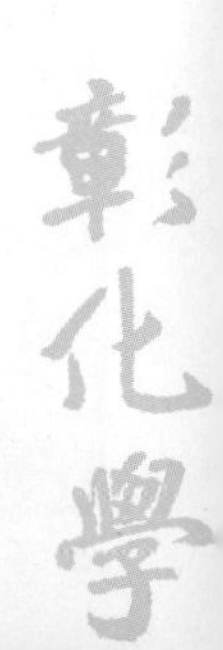

▲ 不破章〈萬華龍山寺〉，1969。

平實彩筆的張煥彩

施並錫

一、前言

台灣固無水彩畫，台灣水彩畫肇始於二十世紀初日人石川欽一郎來台之啓蒙教導與推展。生爲台灣人，不可不知台灣史與事；身爲彰化人，不可不知彰化美術事與史。本縣藝術文化界人士更不可不知本縣的代表性美術家其人及其畫作。本文探討本縣老前輩水彩畫家張煥彩先生（1930～2009）（以下簡稱張氏）其人與其創作風格。期能得到抛磚引玉之效，有更多人願探討本縣藝術教育有貢獻之美術家。

探討張氏水彩創作，先行簡介水彩畫。早期西洋繪畫裡水彩畫僅作爲草圖起稿之用。自英國泰納（Joseph M. W. Turner，1775～1851）和康斯塔伯（John Constable，1776～1837）之後，開始被重視。十九世紀末產生英國透明水彩畫法及英國水彩畫派。石川欽一郎跟隨英水彩名師Affred East（1849～1913），習得一手熟練的英國水彩風。石川運用英國風水彩表現了與英國自然環境潮濕、多雨多煙霧，有些相似的台灣地理風貌。可以說台灣地理環境特點是適合水彩表現的。

張氏係台灣戰後，對彰化地區美育及繪畫風氣具有影響力的水彩畫家及教師。張氏對彰化地區繪畫啓發的模式，有些彷彿早年石川氏對台灣地區美術的啓蒙。終究張氏在台灣美術發展的脈絡裡，是受著石川氏及其學生輩的有形或無形、間接或再間接的影響。

本文從張氏水彩創作的形式與內容，研究其創作與人文、本地外地環境、歷史和他本身因素之關聯性。台灣美術發展與政、經演變有相當大的牽動。吾人不難看出有相關的歷史軌跡推演。早期台灣屬於半開放式貿易商業社會，文教資源僅來自外國人的傳教活動。雖有少許的文字資料與行爲，卻未凝聚出文教風氣與文化現象。至於藝術行爲，則付諸闕如，直到明鄭時期，台南肇始興建文廟，提倡漢文，和沈光文氏以文化教育融合原漢間隙，才開啓台灣文化之窗。十九世紀台灣經濟略有發展後，產生了有影響力的家族，如板橋林本源、霧峰林文察、大龍峒陳維英等，延請中原儒士文人，開始發揮文化藝術之主導力。台灣展開了那大抵以臨摹碑帖與水墨畫爲主的美術首頁。

此時算是台灣早期書畫家，有別於中原人士之「閩習」風味而發展之[1]。此期書畫家在本縣首推黃元壁（1846～1920）。黃氏生平不屑以畫作爲商品，爲具有高潔風骨典範之前輩水墨畫家。活動時期與張氏約略相隔半世紀。從水墨到水彩、黑白到彩色，牽繫於改朝數十年文化變遷。而台灣水彩畫之重要淵源有二：一是石川氏（1871～1945）之來台 。不少人咸認石川所繪之台灣風景，其實具有把日本人治台之政績呈現給日本天皇了解之殖民政治目的。而且是以殖民者的角度察看被殖民土地之問題。無論其原初目的爲何，石川以英式透明水彩描繪台灣人文風土景緻，其詩意、熟巧和美麗的色彩運用，讓台灣學子及人士相當震撼。石川在校內指導學生，在校外則推動畫會，以美術團體之名義讓學生彼此觀摩學習，如此漸漸啓蒙了整個台灣早期美術，一九二四年與陳澄波、藍蔭鼎

1 「閩習」，語出自故宮王耀庭先生。

▲同班同學楊篤信畫〈張煥彩〉。

▲張煥彩〈眺望田野憶兒時〉水彩，2004。

▲張煥彩〈百果山古厝傳奇〉水彩，1999。

等人成立七星畫會，大力向日人介紹台灣風光。一九二七年台灣的「台展」，石川爲籌備委員之一。這些藝術活動活絡了當時台灣文化界，石川許多學生，在戰後的台灣藝壇或學校，均具有舉足輕重之影響力，他們把石川的教學方式向後延伸，深入大專院校，自然影響了張煥彩等等美術界之生力軍。

另一淵源則是渡海來台之大陸畫家，其中對張氏（民國43年）及所有水彩界最有影響者首推馬白水先生。

一九五四年師大美術系畢業的張煥彩表示，在他求學階段，最受校內馬白水和台展系統的廖繼春先生與石川弟子藍蔭鼎之影響。

二、終戰後台灣學院美術苗圃的正科果實

（一）威權時代學習環境之影響

張氏家族係員林地區名人世家之一。他排行老大，個性溫和，內向保守，並無富家子弟之浮華習氣，生活中一向以自行車代步，穿著便服，不打領帶。

與世無爭的張氏，在日治時代能考上台中一中，皆屬資優學生。張氏雖溫良於外，其實是信念相當堅定的人。蔡棟雄爲文曾寫：「張煥彩並沒因家境而捨棄美術從商，考上師大藝術系時，親屬多人反對……少年的他挺起傲骨回答：『我自己心愛的，豈可放棄。』……」。於此記述裡，吾人可看出張氏之堅持，並且不受外界之影響，這或許和他日後始終如一地堅持一種畫風有關。

張氏就讀師大美術系的時間爲一九五〇至一九五四年。此

時正是師大四六事件結束不久，白色恐怖開始之際[2]。當權者胡亂抓人之聲音不斷，反共抗俄之口號處處可聞。此際國民黨高壓的鐵幕禁錮之下，國際資訊、文化交流絕無僅有，台灣走入思想箝制之年代。學院美術的學習苗圃裡，所有的僅是：其一爲日治時期存留的西洋舶來二手美育觀念和十九世紀前之美感意識，此意識幾乎與在地歷史、生活脫節；其二爲渡海來台之強勢中原士大夫美感意識，摻雜強烈朝廷政治、雅士貴族之偏狹審美取向。張氏篤定務實地在此園區裡，不作任何叛逆行爲、或冒險冒犯舉止、或表達不滿之語彙、或表達反抗現狀之圖像。而是專注於一地選擇具象表達的水彩畫爲其主攻。

師大（師範）體系設校宗旨係「研究高深學問，培育優秀師資」。張氏求學時期，浸淫在「誠正勤樸」校訓的保守、固本思維的環境裡。並未能獲取充足的國外資訊，所採用接收的僅是向師長作垂直學習，縱向灌注。於此條件及情境中，張氏發展了能與生活景物融合互動的寫生繪畫。

無論環境多麼惡劣，人們終將以大地作爲心靈寄託，並以大地作爲回歸處。張氏了解他無法用水墨等表現方式去表達他所熟悉的一草一木。他依其自性，選擇了比較不必注重機巧筆墨設色的水彩畫。

（二）學院苗圃裡的師承

與張氏同時期的系友，不少人於今已有小成，如沈國仁、白景瑞、施翠峰、陳銀輝、何文杞等等。而這些同儕幾乎大多數與張氏相同，接受相近的薰染條件，其風格未脫離溫和之具象範疇。彼等求學時期，任教教師最具影響者，在西畫部門當

2　張氏表示對六四事件一無所知、所聞。由此可知道張氏對生活觸面有所選擇（訪談口述）。

▲張煥彩〈冬竹綠樹天地寬〉水彩，2003。

▼張煥彩〈木瓜獨攬舊居景〉水彩，2002。

▲ 張煥彩〈大樹衝天一涼亭〉水彩，1999。

▼ 張煥彩〈浮圳巷內有生機〉水彩，2002。

屬廖繼春、馬白水。另外抽象的朱德群、寫意的林聖揚，短暫任職後旋分別赴法及赴巴西，皆未能在彼時學院產生不同方向的導引影響。

張氏讚賞廖繼春教授「用色亮麗，善用補色達到對比調和」[3]。張氏迄今猶記得一九五四年時的師生美展，廖繼春一件八號油畫以新台幣二百五十元售出[4]。這僅說明張氏對廖師的景仰，亦可側視時代狀況。張氏常回憶過往，其作品屢受廖繼春和馬白水之誇讚，尤其馬白水十分欣賞張氏對樹的表現[5]。

而校外，受藍蔭鼎影響最多。張氏表示在題材方面，令他最心儀感動的是藍氏的竹林與農村景色。這是台灣人的共同生活經驗及共同歷史記憶使然。在一九五〇、六〇年代藍氏與馬白水是中學美術課本作品必定出現的兩位水彩名畫家，此乃表示他們對習畫者之影響力。張氏敘述藍氏結束訪美寫生歸國，在台中畫展，作品令他激賞不已，並仍記得當年一幅四開藍氏水彩畫，訂價台幣六千元[6]。

石川欽一郎更是張氏所景仰者。石川對台灣習畫人之間接、直接、再間接影響，毋寧說是全面性的。他導引了台灣人看到自己家園自然環境之美。石川曾用「光之鄉」來形容台灣，張氏水彩讚頌陽光，充分表達了「光之鄉」特色。石川所表現的水彩台灣圖像裡，台灣籠罩在一層閃亮的光輝下，其實是炙熱的陽光和溼度所造成的自然景觀。石川所見及的台灣充滿輕快的筆觸和色調，大自然山水林蔭等風光都成爲石川筆下

3　張氏與筆者對話時所說（訪談口述）。
4　當時教師薪水約三百至四百元之間。
5　張氏告知筆者，其學生時代，常到植物園，研究樹木及樹林層次、景深之表現（訪談口述）。
6　張氏在1968年間告訴筆者（訪談口述）。

的題材。許多台灣學子透過石川老師的眼睛而感受到自己家鄉的美麗及生命力。這些人包含倪蔣懷、陳澄波、陳英聲、陳秋藩、藍蔭鼎、李澤藩、李石樵、廖繼春等人，他們後來也都成了台灣美術發展的推手。這個巨大推力，也都及於後來學院美育及繪畫風格和風氣，也是間接、再間接影響張氏的力量。

張氏以優異的水彩畫成績畢業。其畫如其人，許多部分亦如其直接、間接之師承，四平八穩，十分完整及安定。作品內容、題材、形式風格乃至審美理念，均能吻合時代與環境。可以說張氏畫作應屬於學院美術之正科果實。

蔡棟雄寫：「張煥彩之筆，深深融合了藍蔭鼎、廖繼春、李梅樹之精神。他們共同在自己鄉土取材，表現自己之民族性，留下亙古之民族生活形態，畫我故鄉，留我鄉情。」[7] 最後補記日本畫家不破章，一九六〇至一九七〇年代來台作畫，其畫法與風格也影響了張氏。[8]

三、繪畫理念

張氏多年前在個展自述文裡，發表〈我的信念〉：「只要心靈充滿著美，到處都有美的存在。雖然只是空曠的田園或是海濱，仍能構成美麗的畫面。美無處不在。美感於心靈上，反映於林林總總的鄉野，即使是原封不動的現實不加美化不加理想化，寫實的再現亦能成爲美妙的藝術。只要有愛，鄉土上的每一個角落，都是美麗的畫面。」[9]

7　蔡棟雄〈陽光的畫者〉文內。
8　一九八六年二月十八日台灣日報刊登：「張煥彩不否認他作畫的風格受到日本水彩畫會會長不破章的影響。」
9　康原〈綠色的詮釋者〉內文。

▲張煥彩畫作。

▲張煥彩〈池旁竹蔭釣魚樂〉水彩，1999。

▲張煥彩〈古巷絲瓜盛開時〉水彩，1999。

（一）再現（representation）的地方寫實

十九世紀以黃元壁等人爲代表，於台灣萌芽的水墨繪畫，在日本人刻意藉由行政力量如台、府展來淘汰後，迅速式微。日人的殖民美術繼起，塡補台灣人審美機會與能力的空白。殖民美術帶給了石川兩段時間留台。他在台致力於寫生與風景理念的撰述，用心培育學生。其作品彰顯台灣強烈的「地方色彩」。石川在其《山紫水明集》裡說：「如果形容內地是山紫水明的話，台灣的山水稱之爲山紫水明，仍然不夠。因爲自然給人的感覺更爲強而有力，因此可以稱爲『山青水光』之鄉。」又說：「台灣山水煥發出潑辣生氣的樣子……」。

「地方色彩」即是直接呈現台灣特色之主題，並予以美的呈現。透過科學的觀察與描寫，展現出與十九世紀以前台灣人看自然之全然不同角度。這種寫生風景畫其實也是台灣在日本殖民統治的「殖民現代化」之一種新文化風貌、新美學觀點。這成爲一九三〇年代以後台灣美育及官辦美展之主流意識。

在這種傳統美育薰陶下的張氏，其地方寫實之水彩畫，不正是畫出了石川所說的「山青水光」嗎？張氏極自然也是必然地主張：「寫實的再見，亦能成爲美妙的藝術。」唯此處張氏所指的再現，並不等同攝影的再現，在「再現」的過程裡，有意、無意間會套用上自己的繪畫符號或表現語彙。

（二）畫我故鄉、留我鄉情

張氏世居員林，熱愛家園，是與其所成長的土地廝守一生的畫家，與英國鄉土畫家康斯塔伯及法國巴比仲田園畫派（Barbizon school）米勒（Jean～Francois Millet，1814～1875）有相似之處。康斯塔伯描寫工業革命前的寧靜英國鄉下，步調緩慢生活愜意的田園狀況，包括田園景緻及生產勞動

圖像，終其一生以歌頌田野爲其繪志。米勒亦然，他自外於工業、都市化的巴黎而進入實在的勤樸世界。張氏曾說：「米勒生於諾曼第（Normandy），無力負擔學費，且不滿其師的浮華風格而轉爲自學……，其作品風格樸素，既莊重嚴謹，頗富詩情的意味，生活雖清苦，但其繪畫精神，令人欽佩。」[10] 這一段鍾愛米勒的自述，也側寫了張氏內心濃郁的鄉情的移情。

除此，一九五〇年代時，張氏亦常提及彼時透過《今日世界》雜誌介紹的美國懷鄉大師安德魯・魏斯（Andre Weyth，1913～2009）。對之讚佩有加，尤其對魏斯畫面之寧靜淡泊更表心儀。從對諸多愛鄉畫家之喜愛，吾人已可明白張氏的想法。康原〈綠色詮釋者〉一文，記錄了張氏自述的藝術觀如下：

> 從小對繪畫就抱著濃厚熱情，到如今始終如一，以後也不會減少，仍繼續發揚光大。不斷去充實自己，繪畫將是我的生命。當我拿起畫筆時，有無限的快樂，很容易進入忘我之境界。作畫時，我偏愛寫實，以自然爲師。因爲自然是最調和的。它能調劑心情，把全身融入自然中，描出自然中的生命奧秘；但請不要誤會寫實就是一草一木呆板的刻繪，而是從自然中擷取靈秀之精神，用繪畫方式表達生命的哲學，面對著大自然去詮釋生命的價值。
>
> 三十多年來以來，我始終忠於傳統的寫實主義，雖然近代有許多千變萬化的畫派，使畫也起了變化。這些思想潮流並沒有使我改變。我執著自己的看

10　同註9。

▲張煥彩〈月眉池老巷思古〉水彩，1984。

▲ 張煥彩〈花壇竹叢迎暖冬〉水彩，2000。

法，將自己的感受，眞實而直接的傳達出來，也能獲得藝壇的肯定。我想這樣的作品也一定具有其生命，也才有價值的存在。藝術家是不需要趕時髦，不要被潮流沖昏了頭，畫出自己的眞實，感受才有意義。

（三）只要有愛

張氏謙遜和藹，人若其畫。他勤學認眞，毫無保留，獲得許多學生的感懷。與他相處過的學生皆知張氏盡孝，早年因須照料母親而放棄到北部都會發展的機會。

張氏教學生常用語，一是「不會划船，莫嫌溪彎。」；二是引述日本書道名家弘法的名言：「我弘法寫字不用選筆」。藉此可知張氏主張事在人爲，莫找藉口。只要打穩基礎，不必太計較環境亦能善其事。張氏做事或作畫實實在在，按部就班，絕不取巧。

其愛心普及於學生，亦遍及故鄉土地。深信一切唯心造，只要有愛，鄉土上每一個角落盡是美麗畫面。張氏之生活及創作態度有如唐代雲門禪師的「日日是好日」的境地，其題材選擇是「景景是好景，處處可入畫」。凡屬鄉間，畫題俯拾皆是。

四、風格形成之因素

（一）融合印象派、自然主義與現實主義

與現實主義相對的是浪漫主義。浪漫主義傾向主觀並帶有革命、叛逆精神。作品上情感奔瀉，八方翻動，角度極端個人化、自主性。

▲張氏之繪畫筆記本清楚記錄著每一件作品之創作歷程。

▲張煥彩〈綠蕉紅牆相對應〉水彩，2000。

▼張煥彩〈暖冬竹影鄉情濃〉水彩，2000。

▲張煥彩〈歲月的痕跡〉水彩，1996。

▼張煥彩〈插秧鋤草農忙時〉水彩，2002。

張氏其人與作品，四平八穩，傾向現實派。現實主義秉承歐洲啓蒙運動之宗旨，較強調理性，恪遵共同規範、觀念、制度與方法。張氏作品，孕育自舶來印象派勢力主導的早期師大學院美術系。於此須學習注重規矩、力求線條穩健之刻板傳統技巧，以及那重視色彩效果及筆觸的舶來外光派畫法——捕捉即時的瞬間印象。張氏畫作固然帶有現實主義成分，卻非那類對人、事、物誇大描繪的典型現實主義論。相對的，有極大部分是接近描繪較尋常人、事、物的自然主義。張氏取材，均係十分平易近人的生活景象。吾人看不到革命、叛逆的浪漫精神。

（二）濃烈歸屬感

張家世居員林。員林是農業地區，居民泰半務農，整個區域的族群農業性格極爲顯著。農業性格係傾向掌握具體可觸及之事物，不喜變革，力求溫飽安定，與土地廝守一生，甚或數代。重遷移、守禮法、愼終追古、克勤克儉、安分守己，並且務實保守，有強烈的土地認同與歸屬感。張氏正是農業性格強烈的地區及家庭出身的美術家。他對故鄉具有強烈的歸屬感，故此處大地環境、民情風俗，即是他生命經驗的廣大部分。如此情形，較容易發展爲現實主義傾向的藝術。

歷代中國較封閉保守的北方，產生紮實穩健的寫實山水，氣勢雄偉；而流變遷徙快速並重商業的南方，則蘊育了縹緲流動自在的抒情寫意水墨，逸筆草草能臻神妙品味。前者再現自然的成分重；後者表現自主的成分高。

在早先較封閉保守的台灣中部，實在無法發展不受形象拘限的浪漫或抽象主義，而較易發展出現實主義（台灣美術史裡，寫實主義未曾茁壯成熟）較理性安分的藝術。台灣人民所

居之處尚屬安定，不會如同不安定地區或國家的居民存在著「陌生之無根感」——沒有歸屬感、是被異化的。舉例一：歐洲近代美術史裡，首先反叛傳統寫實主義者，正是歷來處於不甚安定的德國。在德國之浪漫主義（或是表現主義），主張「內心決定世界」而否定傳統審美原則。舉例二：生爲憂患民族猶太人的卡夫卡（Franz Kafka，1883～1924），其作品《城堡》，曾被稱爲迷宮，表現了內心最劇烈的分裂、孤獨苦悶。舉例三：漂泊巴黎的異鄉人史汀（Chaim Soutine，1893～1943），亦以圖像表現生命焦慮、不安躁動。舉例四：一九六〇至一九七〇年代的台灣詩、畫壇，自稱無根世代的在台大陸渡海畫家，開拓虛無縹緲的現代詩與現代水墨畫（取傳統水墨畫之氣韻生動結合當時歐美之抽象表現主義之潮流），並高舉反傳統寫實繪畫的大旗。

相較於上述舉例，較多台灣籍之畫家、作家，則開拓現實主義傾向的鄉土寫實或文學。此處所說的鄉土藝術，或受到極度強烈之意識型態的左右、主宰乃至於命名、正名等千絲萬縷之糾葛。然而張氏的田園寫實風格乃源自生命有歸屬感而自行發展的東西，和六〇年代之鄉土主義僅屬於交叉會合。

而當鄉土繪畫潮流已退，張氏畫風依舊一味深入地進行，並無轉向，此情形類似美國的懷鄉大師魏斯。

任何時代或社會，都會產生特定的精神狀態。緊接著衍生與此精神狀態相契合、相適應的藝術創作。

（三）台灣人平實自然觀

藝術家雖然孤獨，但絕無法孤立，他必然被包涵在一個大整體之內——此即他所成長的環境或風俗習慣。而風俗習慣或人生、價值、哲學觀等，對於群眾和藝術家的影響是相同的。

▲張煥彩〈東山國小守護神〉水彩，2001。

▼張煥彩〈百果山古厝記實〉水彩，1999。

▲張煥彩〈田中冬之野〉水彩，1999。

▼張煥彩〈獨釣社頭一片冬〉水彩，2000。

丹納（Hippolyte Adolphe Taine，1823～1893）於其《藝術哲學》一書裡說：「要了解一件藝術品，一群藝術家，必須正確地設想他們所屬的時代、精神和風俗概況。這是藝術品的最後解釋，也是決定一切的原因。」丹納更主張時代、環境、種族是影響文明及藝術的三大要素。荷蘭史學家房龍（Hendrik Willem Van Loon，1882～1944）也表示：「一切藝術，不僅反映藝術家的經濟環境，也反映了他們的地理位置。」[11]

張氏，住在台灣中部民風保守淳樸的小鎮，自然而然浸淫著屬於家園的價值觀、人生觀，順應天地的無反抗之自然觀。

台灣是移民社會，台民性格勤奮且實際，不尙玄想冥思及抽象思考或形而上圖像之創造，而傾向發展利用厚生的學與技。於是，那些與「餬口顧三頓」不太相關的審美、抽象思維、人文素養，乃至自由、民主、法治的概念往往被忽略掉。昔日大多數陶冶性情的學與技，也只是因襲華夏，或自日本接枝移植。台灣先民無機會也無能力開創一片屬於自己種族性之大地觀念、歷史意識或精神信仰、神聖事物，乃至於審美觀念。

台灣人和睦敦厚，安分守己，樂天而「不知」天命，只有塵世生活觀，但無出世哲學觀。台人的塵世生活觀是「麻油菜籽命」之認分，最嚮往「一日無事小成仙」之退讓式生活，接受「誰來管攏一樣」無爲、懦弱政治認知。秉持「民以食爲天」的克羅齊的《心理學綱要》中提到：「個體之成爲他們現在這個樣子，是由於他們特殊的遺傳與環境。」個體之長相、氣質、意識、審美全係遺傳（個性）和成長環境交互決定的。

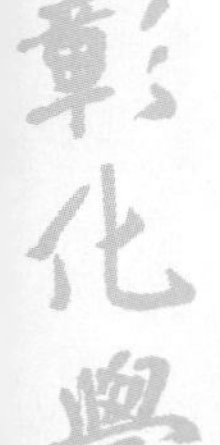

11 出自《人類的藝術，The Art of Mankind》一書，房龍著。

（四）個性因素

藝術家的氣質有狂放、拘謹、莊重、灑脫等，性格與氣質必然影響創作。畢卡索狂傲不拘成規，其作品具驃悍特質。弗里達・卡蘿（Frida Kahlo，1907～1954）病痛終年纏身，多愁善感，敢做人之所不敢做之事，其作品詭譎痛苦，刻劃人生之顛倒夢想難離苦、難得樂。梵谷一腔熱情、堅忍不拔，盡情燃燒其生命，其作品生命力躍然畫面，用色出神入化。張旭嗜酒「每大醉，呼叫狂走乃下筆，或以頭濡墨而書」（摘自《美辨》一書），此狂氣乃有其狂草。而顏眞卿剛烈莊嚴，字如其人。

張氏個性拘謹，性情溫和，處世眞誠，行爲中規中矩，屬於台灣社會中的正直好人。這類型人士，較不喜標新立異，並極注重專業領域之倫理而不逾矩。他與世無爭，繪畫雖是他生命中之重要部分，但並非揚名立萬之利器。張氏畫作，一是忠於師大傳統及其師承；二是忠於土地故鄉。在自然之前，張氏並未扭曲、反轉或反叛自然，他臣服並讚頌自然。事實上早期台灣藝術界是「模仿自然」的觀念。

五、表現內容之探討

歷年來有關張氏的展出報導文字大多數是，「鄉村每個角落都是他的寫生對象。作品逼眞有『土』味，具強烈親切感。」或是「綠竹、田野、農舍、廟宇，張氏寫景自然……」大都稱他爲田園水彩畫家。

（一）寫實性與自然主義

十九世紀中葉以前，西洋藝術界一直以「藝術模仿自然」

▲石川〈台灣豐原之道〉。

▲馬白水〈歷史博物館〉。

▲張煥彩〈社頭憶舊紅磚情〉。

▲張煥彩〈池中竹架滿枯葉〉水彩，1999。

▲張煥彩〈東山竹叢郊野趣〉水彩，2003。

爲原則，此時是歐洲模仿自然的造型藝術之顚峰時期，所有模仿自然美之技巧，得到極充分的發展。畫家不但尋找自然，而且也是受自然所強制或征服的人。羅丹（Auguste Rodin，1840～1917）遺囑上寫者：「對於自然，你們要絕對信仰；你們要確信，自然是永遠不會醜惡的；要一心一意地忠於自然……自然總是美的。」[12] 羅丹所說的自然有兩層意思，一是指人、事、物、景的自然形態；二是指不加主觀造作之意。

此十九世紀之西方繪畫審美觀念，在明治維新之後傳入日本，再傳入台灣。

藝術家是生活經驗的闡釋者。繪畫表現本來就是藝術家的生活內容，有所感動，情境經驗，以具象表達之。大彰化地區八卦山麓迤邐數十公里，山巒起伏；八堡圳水渠流經之處，無際沃田平野，稻田波濤翻滾因風起。此間農村的幽篁曲徑、屋舍穀倉、山寺廟宇、水鴨池塘、薄暮歸賦等等正是張氏如數家珍的繪畫題材。

張氏繪畫是自然主義美學傾向。所謂自然，即指人與環境互動的全部。自然涵蓋吾人生活範疇，美感經驗不能抽離環境。在繪畫藝術中自然主義標示著平日生活與吾人共存的土地、天空與水。張氏以易被看懂、接納的方法表現之。

（二）田園景象與懷鄉表現

張氏從小酷愛繪畫，在小學時代就曾跟隨員林地區擅長寫實的張春波習畫。一九七〇年代日本水彩畫家不破章定期來台作畫，兩人因緣際會而熟悉，兩位同屬外光派透明水彩，以平塗重疊畫法爲主，並喜愛描繪鄉間景色的畫家。張氏目睹不

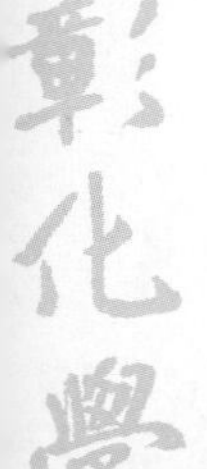

12 《美辨》湖南美術出版。作者周宗岱。P.22裡引述自「羅丹藝術論」。

破章當場寫景揮筆，嘖嘖稱許不破章掌握、表現氤氳水氣及景深空間之功力高妙[13]。除了賞識不破章外，張氏也酷愛米勒作品，其原因皆出自於本身對於田園景象之熱衷。面對田園風光，張氏找到心靈故鄉、找到自我。這片大地與張氏魂牽夢縈，此情愫有如巴比仲畫家們，略有差異者是巴比仲畫派的米勒之作品出現較多的農工勞動圖像。張氏畫作中雖有不少點景人物，但非屬於「有風景的人物畫」，而是「有點景人物的風景畫」，勞動人物，並非張氏描繪主體。

張氏潛心鄉間景物，藉之詮釋台灣人不造作、不多企求之平實精神及隨遇而安的生活態度，就是懷鄉的表現。

（三）平實美與親切感題材

投射。張氏任教員林中學約一九五五年開始，十多年間經常帶領學生與自然爲伍，在彰化地區上山過河地作畫。作品完全反映了自己居鄉生活、視覺經藝術家與藝術品並不是孤立的，它的產生和鑑賞都受到「精神氣候」的影響[14]，那就是風俗習慣和在地時代精神。吾人欣賞作品時，必須把作品置於整個環境脈絡來鑑賞，此乃脈絡主義（contextualism）之主張。吾人審美經驗與普通經驗本爲相通，只是程度不同，並無類別之異。

〈農家樂〉、〈無米樂〉或〈乞丐與藝旦〉之劇碼，定能喚起台灣觀眾之感動與生活回憶，但對西洋民眾，恐怕必須藉助解說，也未必能令之達成鑑賞。同理，張氏之取材內容，對具有相同記憶及生活經驗者，必能產生平實美之相同感受。

張氏畫中無垠綠野、縱橫阡陌、幽篁搖曳、小鳥吟唱，那

13　七〇年代，張氏對筆者說及不破章。
14　《藝術哲學》丹納著。中譯本P.79安徽文藝書局出版。

▲張煥彩〈芭蕉老屋映影〉水彩，2000。

▲張煥彩〈田尾巷弄老榕下〉水彩，2000。

奔流不住的綠水悠悠，正是爲數不少的台灣人記憶中寧靜、純潔、溫馨的心靈故鄉。此情此景永遠是「青天高高／白雲飄飄／太陽當空在微笑」。此番農業社會，充滿閒情逸致的圖像，也是今日台灣人所需要的桃花源。於此，吾人獲得「採菊東籬下，悠然見南山」的怡然自在之親切感。

六、表現形式與技法賞析

繪畫之內容與形式是一體兩面。表現技法屬於形式範疇，有完整的形式及良好的技法才能準確地表現內容，進一步表現精神及內涵等等。

（一）透明畫法

一九九四年張氏畫展口述：「五十多年的繪畫生涯，結交了許多志同道合的畫友……，他們說我的畫有英國水彩的寫實風格，色彩亮麗多變而調和，絢麗而不庸俗。利用瑣碎的筆觸重疊，產生明度、彩度的差別而調和了畫面。」[15] 張氏之透明畫法，充分運用了重疊、縫合、渲染、平塗四種技法。其中以平塗、重疊使用比其他兩項普遍。是石川系統混合著馬白水首重視的平塗法之表現方式。

石川畫法筆觸靈活多躍動，發揮著線性美感，書寫式線條及筆觸明顯，較少使用明顯色塊以構成。但馬白水則十分強調平塗面塊之構成。張氏水彩融合兩者。

15　一九九四年，康原介紹了張煥彩畫展序文，登於《民眾日報》。

（二）構圖嚴謹

一九六〇年代，張氏看罷某位以「一筆搞定」的渲染型水彩畫展，即用「零構圖」一辭批評之。端正莊重，四平八穩是張煥彩構圖之特色。構圖是審美意識之彰顯，而審美意識也就是人的性格或內在本質能量的展現。任何創作者或鑑賞者之取捨，都有自己衡量的尺度、角度與態度。概括而論，張氏構圖特點有：

1、地平線位置高

這可使畫面容積量大增，容納更多豐富的事物。塞尚之靜物、風景畫，多數如此。提高桌面、地面納物容量，是塑造豐富感的條件。台灣山多地狹物稠，並不易見到明顯地平線。地平線是安定畫面的基本元素。張氏畫作之地平線常隱身於樹後、山底。高地平線使張氏畫作增加安定感。

2、自由隨意取景

信手拈來全是畫，自然也是張氏那無計較的個性使然。蔡棟雄寫：「有畫友說：『張煥彩累積數十年之作畫經驗，畫面處理當然好。他的畫面帶著畫家本人恬淡，不與人爭的性格，忠於田園之氣息躍躍然。』」[16]。恬淡個性的人較容易隨意（遇）而安。張氏憶及不破章時，表示非常欣賞不破章之「自由隨意取景」。張氏本人亦屬自在取景入畫者，從不為取景而困惱。

初習畫者，往往置身美景而找不到理想角度，而經驗豐富者，隨處轉身三百六十度，均能找到構圖（良好角度）。蓋構

16　同註7。

▲石川〈台灣次高山〉。

▲ 馬白水〈新公園〉。

圖係畫家對數條重要線條、幾塊重要面塊之安排配置能力之展現，決定於自己而非對象物。如古代「馬一角，夏半邊」內容極簡，也能成了簡潔佳構。

3、由下往上，曲折線條，強化景深

寫實繪畫首重容積量（volume），一般稱爲空間感或景深。文藝復興以來，常被用以建構景深的方法爲（1）透視遠近法，（2）大氣遠近法，（3）重疊遠近法。石川氏使用大氣遠近法最多，他擅長渲染，使遠景朦朧後退。達文西的〈最後的晚餐〉則是標準的的透視遠近法。張氏三樣皆用，但以透視遠近法的使用最顯著。尤其明顯的是，張氏常用“ ⟨ ”與“ ⟨”等曲折曲線來加強景深。

（三）平鋪直述，「面」「面」俱到的加法筆觸

塞尚說我們要拿自然內部的結構來看自然，那便是球體、圓柱體、錐狀體等等幾何形體。這是形而上的哲學思考，也是邏輯性的思考，提供了二十世紀初以來學院美術新的學習方法。彼時日本學院美術，估不論是否誤解了塞尚的原意，因而形成了「面塊造型」的觀念。塞尚的哲思是想獲得永恆的自然，及自然的本質與眞實。然而從歐洲到日本到台灣的舶來面塊觀念，其目的只爲了狀形，表現立體幻影而已。台灣學院美術，「面塊」是個重要的習題。

從張氏自存一件阿古力巴半面像[17]，可看出他對分面之重視與了解，和用面構成體積之成熟表達力。曾受教其門下的學生必定時時聽到張氏說：「這一塊……，那一塊……」。此外

17　八開炭筆素描，一九六六年左右，張氏show予吾等學生。講解面塊觀念。

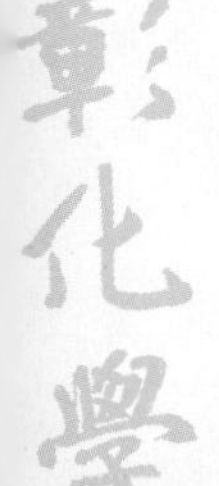

他自認所受影響頗深的馬白水氏，也是十分強調分面平塗之表現。早年師大美術系學生朗朗上口的話是：「三大面，再分九中面，再分二十七小面」的表現方式，以及馬氏教法：「彩筆自左到右，四十五度塗刷，彩水自然下暈，得以平塗」。這些師大學院成分，的確出現於張氏水彩畫上。張氏指導學生，塗色前必先用鉛筆勾勒出準確的立體感塊狀，然後再由淺到深注重漸層效果地重疊著色。他使用加法筆觸，因為他不主張洗刷及大量修改。

(四) 現場作畫，具有臨場感

古典繪畫大多室內製作，畫中人、事、物大抵先以個別或局部素描速寫建立資料，然後如同建構戲劇舞台般的方式組合畫面。並根據理念目的，決定何種採光，如何誇張安排，已達成戲劇性效果及張力。統整能力強的畫家，其畫面一體、自然而有力，反之畫面矯揉造作。照相術發達以後，畫者普遍抄襲或參考相片，或用相片組合。只是這種組合較不易表達臨場感。並常犯下與用肉眼觀察不相同的透視現象，亦不易呈現生命力，甚至畫者自身之本質能量。抄襲、臨摹攝影之畫作，常呈現一種類似塑膠假花的表相美。非親身面對自然之畫法，不易觸摸到自然脈動、溫度、或眞實色感。

張氏秉承印象外光派之水彩寫生。其每件畫作盡是面對自然，當場揮毫之寫生作品，猶如石川及其學生那樣，亦像莫內，雷諾瓦等人那樣重視現場寫生。故彼等畫作皆能捕捉自然裡的微妙。由於張氏所畫題材，多數係本地人耳熟能詳的台灣圖像，吾人若置身其中，嗅到夾雜草根的泥土芬芳、或林間微風摻著牛、豬、雞糞之味道，或新割刈之稻草香。

▲ 藍蔭鼎〈暮色牛車〉，1931。

▲ 李澤藩〈香芽油工廠〉，1956。

▲塞尚〈白楊樹〉，1880年，油畫65×80cm。

▼塞尚〈聖維克多山（SainteVictoire）景色〉。

（五）晴光爲畫面重點

二十世紀初，日本美術家稱台灣畫家作品有「炎方」的感覺。台灣是熾熱光亮的地方，它讓石川從原本畫日本家鄉之秀雅文靜，一改爲鮮豔亮麗。石川自己也曾表示台灣色光感覺與日本不同。高緯度國家白日較短，終日陽光較斜，而台灣則只有晨、昏兩時段斜陽，日正當中的時間極長。故台灣晴光時間較陰晦時間多。張氏作品眞實傳達此實際狀況。另外，一是張氏表示不喜愛陰暗晦澀畫面與氣氛。這點與張氏個性特質有關。二是張氏是主張把畫具帶到戶外的外光派之追隨、實踐者。戶外寫生當然不宜選擇刮風下雨之惡劣天氣。並會受作畫時落腳點必須安全、遮陰之限制。故較難選擇危奇之角度，如俯瞰斷崖、巨浪。故張氏畫作恆是陽光普照的安全地。

（六）寧靜祥和之表達

張氏畫作多居安而少危奇，此源自於種族性格與個性。舉梅原龍三郎與郭柏川爲例，兩人同屬野獸派範疇，又是友人，而郭柏川受梅原影響甚巨，簡潔爲其共同之審美價值。然而梅原用筆有龍飛鳳舞，八面翻滾之氣勢；郭氏用筆雖簡潔有力，卻較優雅溫和，尤其常出現類似塞尙之重複平行筆觸，此乃決定於兩人之種性與個性。壓抑性社會薰陶的郭氏，自然存著台灣族性——規矩平板；而梅原則帶著日本武士道加櫻花文化，外雅內猛的浪漫性。東山魁夷也說過日本人比較不受限制。[18]

張氏雖歷經改朝換代，但仍持有台人「帝力於我何有焉」之觀念。[19] 他純然只祈建構一處可避風風雨雨的祥和家園。於是張氏在繪畫領域內，架構了「日日是好日」的桃花源般之寧

18 《藝術家雜誌》，1983年8月號，劉奇俊訪寫東山魁夷。

19 張氏完全不知道師大之四六事件（同註2）。

靜祥和空間。在張氏水彩畫裡，吾人彷彿看到英國水彩畫家康斯塔伯表現的寧靜清澈之鄉村世界般，它有如一曲優雅的輕音樂，不疾不徐，輕鬆愉快，無慷慨激昂之聲，亦無如訴如怨之音。張氏用筆細膩、穩健、安定，無張旭狂草摧枯拉朽之勢，無梵谷或史汀狂飆筆舞之姿。然係「一步一腳印」地筆筆有勁，疊積合和。終成緊密如織之色、筆結構，譜出安定的畫裡天地。

（七）濁色的運用

色彩分爲清、濁。原色大多是清色，間色或再間色常爲濁色。石川與馬白水的水彩屬於清色；藍蔭鼎、李澤藩則好用濁色，塞尚有名的「塞尚綠」也是濁色系。清色易於表現脫俗之境；而濁色則適合傳達人間煙火味，並可拉近人與環境之距離，以及表現深刻或神祕或神聖感情，如盧奧、畢費、台灣的洪瑞麟等都屬濁色。濁色不等於髒穢，清色也不必然潔淨高雅。無論清濁，均須巧妙搭配，並以對比、準確明度配合之。

張氏擅長清濁搭配。張氏曾以洗調色盤之髒水，塗抹天空[20]。張氏「特色」即是橄欖綠、黃褐土色，皆濁色也。其橄欖綠常以藍色系混合土黃或茶色調所得。台灣許多丘陵地區，或海拔較低之山脈，如中部八卦山台地，其幅員內之色調係以黃土、綠爲主。其綠包括秧苗、綠竹、芭樂園、龍眼、荔枝、楊桃、蓮霧等果樹林，以及遍山的相思樹。張氏常用橄欖綠、翠綠、墨綠、黃褐土爲主色，青紫紅爲重要輔色[21]。他雖使用不少濁色，但因善於捕捉曼妙多變之光影，並對明度能準確拿

20 1969年，張氏告知學生，國賓飯店以一千元收藏一件濁色天空（即以洗調色盤之水所塗）的畫作。

21 張氏從極善用互補色的老師馬白水先生，學習以寒暖對立色之搭配，而令畫面色彩豐富的技巧（訪談口述）。

▲ 一九六二年於員林鎮公所二樓展覽室舉行「張煥彩首次個展」。

▲ 張煥彩〈夕陽映影寧靜居〉水彩，2000。

▲ 張煥彩〈廢墟蕉叢新活力〉水彩，2000。

▼ 張煥彩〈舊館門樓巡禮樂〉水彩，2000。

捏，建構了「色面音樂性」，畫面淨而無濁，都能正確地說中了台灣亞熱帶型氣候和溫度。

七、結語——台灣珍貴的地文、歷史圖像

繪畫藝術之經緯範疇廣大，一是從再現到表現，二是從具象到抽象，三是科技到原始，多種經度兩端之間，個人、各種潮流、思潮、主義均在兩極之間覓尋，並終能找到定位。藝術領域中論斷價值之準繩非單一。更有創新價值、歷史價值、藝術價值、宗教貢獻價值等等取向之別。吾人不需也不能以一種標準來論斷作品之價值及定位。

張氏自師大美術系一九五四年畢業後，即返鄉任教職。員中、員家兩校執教時期，正值張氏青壯階段，熱情洋溢，活力十足，教學認眞。一遇假日，則偕同學校裡有繪畫天分之學生，翻山越嶺，深入鄉間或深山作畫。不少學生對張氏毫無保留之教學態度，心存感恩。曾經與張氏習畫之學生，今日有多位活躍於台灣藝壇，且具影響力。張氏是畫家，也是美術教育家，對彰化地區藝術教育及繪畫風氣之推展頗有貢獻。故其人及其藝術，值得吾人在彰化學的研究中探討。

張氏安分守己，堅守崗位，持「一味攻到底」的態度從事水彩畫創作。於逝世前（2009年）近八十歲高齡，仍舊作畫不輟。張氏不太理會外界之風風雨雨，或國際藝術的潮流演變。某個程度來看，有些許類似長住緬因州的美國畫家魏斯。只是張氏不以魏斯的精細描繪傳達某種深刻感，也較少用人物的身體造型語彙來表達孤寂疏離感，但對尋求遠離塵囂的寧靜，則張氏同於魏斯。儘管魏斯遠離美國繪畫主流，但仍有一席地位。張氏表現台灣「土」味與魏斯表現美國「土」味是不相上

下的。其實兩人自然主義傾向者，皆能用自己的眼睛仔細觀察自然，並用樸實筆法描繪大鄉土的生命、表達對家園之感情。他們都能捕捉生活環境裡最感人之處。魏斯展現鄉間的寧靜與人的孤寂，張氏表現台灣鄉間之閒情逸致。此創作後之心態都是與世無爭的。

吾人欣賞張氏水彩畫，立即能感受到其作品所呈現台灣人眞情淡泊的生活氣息和他自己內心裡的淳樸忠厚不耍巧。其繪畫係以現實主義的思考與台灣農業性格氣質爲基礎，所發展的樸實自然美風格。

張氏在一九六二年於員林舊鎭公所二樓展覽室舉行首次個展。對於彼時保守的年代與地區，確實讓很多民眾和學生茅塞頓開，了解何爲水彩畫。此後張氏努力開展他的綠色田園系列。不久後正是台灣社會工商大進展之時代的到臨。民眾熱衷追逐物質享受。當都市叢林漸漸擴大、呑噬了綠野，也呑沒了淳樸。於是民眾感到心靈之空虛與寂寥。益發對青山綠水、小鳥吟唱，充滿了沁人肺腑泥土芬芳的田野風光爲之傾心鍾情。時至今日，張氏多年來所畫的台灣地文、山川自然景致，漸漸因時代、社會變遷而消退。未來張氏之水彩台灣圖像將是一種歷史圖像，見證今日 台灣之某部分。將是彌足珍貴的彰化人共同的文化資產。

日本二十世紀中葉大放光采的東山魁夷也以日本鄉土風光之表現而富盛名。川端康成生前稱讚：「從東山先生的風景畫，看到日本大自然的優美靈氣。」[22] 我們或許也可以說：「從煥彩先生的風景畫，看到了台灣大自然的平實素樸與秀麗。」

22 同註18。

▲ 張煥彩〈東山枯木憶老屋〉水彩，2000。

▼ 張煥彩〈東山古厝冬意濃〉水彩，2003。

▲ 張煥彩〈浮圳菜園秋時節〉水彩，2003。

東山魁夷說過一句名言：「故鄉是巡禮的開始，也是巡禮的歸點。」張氏藝術道路全程係故鄉之巡禮。他建構了台灣田園圖像，藉此圖像保存台灣人集體的歷史記憶。

參考書目

1.衣成信譯，房龍原著，（1999），《人類的藝術，The Art of Mankind》，米娜貝爾出版社。

2.丹納原著，（1991），《藝術哲學》，中國安徽出版社，中譯本。

3.周宗岱著，（1998）《美辨》，中國湖南美術出版社。

藝術與社會的互動
——談施並錫「大世紀紀事——都會系列」

王哲雄（國立台灣師範大學美術研究所退休教授）

集文藝批評、哲學家與歷史學家於一身的法國學者伊波立特・丹納（Hippolyte Taine，1828～1893），於一八六五年出版了一部頗具影響力的名著《藝術哲學》（Philosophie de l'art）；根據他的看法，審美觀念的不同往往是取決於種族（la race）、環境（包括地理環境和社會環境，le milieu : milieu g'eographlque et social）以及時刻（歷史性的演變，le moment volution historique）因素。藝術與環境，特別是社會環境之間的緊密關係，丹納已經意識到它的重要性。

匈牙利藝術史學家費德里克・安塔爾（Fredreick Antal，1887～1954）是馬克思主義藝術史觀的創始者，他在其著作《佛羅倫斯的繪畫與其社會背景》（La peinture Florentine et son arriere-plan social，英文版是在一九四七年出版），明白地強調：「唯在研究社會各個不同群體，重建他們的審美哲學的條件下，才能進入他們的藝術堂奧裡」。

同一研究路線的亞諾・豪瑟（Arnold Hauser）在紐約，從一九五一年起發表他的《藝術社會演進史》（Histoire sociale I'at），而於一九六四年在慕尼黑出版了一本《矯飾主義》（Manirisme），無非是想透過經濟、宗教和政治上的危機去看藝術作品。借重這些先鋒學者的研究，藝術與社會的互動關係得以受重視，正如法國藝術批評家暨巴黎政治研究院教授傑昂一律克・夏律莫（Jean-Luc Chalumeau）所言：「藝術史絕

▲ 施並錫〈福興米倉〉。

▲施並錫〈興賢書院〉。

無法脫離社會的演進而單獨存在。」[1]

法國藝術社會學的權威學者皮耶賀·法蘭卡斯特（Pierre francaset，1900～1970）是筆者的師丈，當筆者於一九七〇年赴法深造之時，法蘭卡斯特剛過世，他從一九四八年起便在高等社會科學研究院擔任首席藝術社會學的教授，雖然無緣聆聽他的教誨，所幸能從其夫人葛莉安·法蘭卡斯特（Galienne francaset）問學，因為葛莉安當時也是該研究院藝術社會學的名教授，在他先生過世後，由她一身擔負起該課程的全部教學，繼續其夫的遺業。筆者跟隨她從學二年，在爾後的研究方法論上受益匪淺。皮耶賀·法蘭卡斯特認為藝術作品是一種特殊又無法削減的語言，是一種表達和傳遞信息的方式，透過這種方式可以讓人掌握住誕生藝術作品的社會之各種迴光返照、心理結構。他說：「藝術是一種生存在社會裡的人們，特殊而必須的永久性活動。藝術不僅可以記錄它所代表的意義，又能透過它而發現訊息。它不是單純的傳遞訊息，而是建立訊息。它並非語言學上的語言，而是意義的系統。」[2]

所以，這些藝術社會學的學者，窮畢生之力，企圖要建立藝術作品與社會之間的互動關係的必然性，然後從社會層面的問題分析，來解讀不同時代背景的藝術品，讓人們對藝術品的理解，不是停留在單純的形式分析或技術層次的討論，解讀一件藝術品就像是在探究杜會學本身的問題一樣。施並錫非常清楚藝術家要脫離社會去談創作問題那幾乎是不可能，縱使能脫離一時，他的藝術創作能源終將用盡枯絕或不斷的炒冷飯，了無新意，所以他更積極主動的環抱社會，社會的疾病和積弊，

1 Jean-luc Chalumeau: Leccures de lart-Rflexion esthtique et creation plastique en France aujourd'hui, Chene, Paris, 1981 / P.48. : <l'histoire be l'art ne pouvait plus etres spare be l'volution des socites>.

2 Pierre Francastet: La Figure et Ie lieu, Gallimard, Paris, 1967, P.I 2.

激發他諫戒與救世的情懷；社會的光明與善良挑起他對文化品質的認同感，正如他自己所言：「今日的藝術家已不必再扮演那種曲高合寡的英雄或躲藏在象牙塔內的孤絕天才；或是一個對外界毫不關心的冷眼旁觀者，而是協助世界、社會變得更美好的文化工程師」。

黑格爾在他的《美學講義》（Cours d'esthtique）裡說得很果斷：「是活力和觀念的活躍以及個人的製作方式，是藝術家的靈性映照在他的作品裡，是藝術家本身與他的思想之展現，而非外界事物單純的複製。」[3]是故，當施並錫思索著要以何種全新的形象展開他繪畫的系列研究時，他的創作觀念的理路實際已經相當的完備與清晰；他以個人纖細而敏銳的洞察力，爲這個即將邁入二○○○年的大世紀之都會把脈；以諷諭的方式、扭曲的造型、象徵的色彩、關愛的心思，向社會的每一個成員提出諫言，道出警世之語，要每個人看清未來的展望，但也要每個人了解過程中的危機。這就是黑格爾所言「藝術家的靈性映照在他的作品裡」最適切的例子；也許讓筆者列舉施並錫的新作來加以解析，可能有助於對他圖象的涵義之了解，以及他從社會的跡象擷取創作靈感的纖細用心。

首先，筆者特別提出施並錫投注時間最多（從1993～1997），畫幅面積最大（390×194cm，約500P），與此次研究專題精神最密合的作品〈跨世紀之梯〉來做分析作品的開始。

施並錫在營設這幅鉅構之前，已經沉思默想多時，一直對「人生」的意義百般思索自問，再看看社會中的每一個個體，是如此的庸庸碌碌，不知他們是否都已經找到自己的「理

3 Hegel: Cours d'esthetique/ coll.

▲施並錫〈跨世紀之梯〉，油畫（390×194cm），1993～1997。

想」？施並錫沿用日本藝評與美學家廚川白村的一句話：「作爲一個『個體的存在物』，生活就是戰鬥。」但是在這鳴鼓衝刺的過程中，方向迷失了，一切都被扭曲了，不按牌理出牌的脫序與亂象橫生；一向很注意社會動態與發展的施並錫，看在眼裡卻痛在心裡，他不以文字爲工具作諫言，而以繪畫圖象作警世的棒喝。整幅作品的主題和情節，施並錫都作過「時間」和「空間」的考量；他選擇了可變性最大的二十世紀末，並且界定在台灣的都會。因此，畫作的情節是他親身的見聞，而非無病的呻吟或杜撰的傳奇。施並錫採用對稱空間，以畫面中央樓梯隔開左右兩部分的對等結構，是有其用意的，那是爲了示意「人間善惡對峙」自古已然。畫裡的人物造型不作五官描述是爲了汰除特定性或地域性的先導意識，對施並錫而言，他們只是泛指一般的生靈。生靈賴以存活的環境空間如果遭受破壞或壓抑，生靈就會扭曲，所以類似米開朗基羅的勁力、杜米埃的滾曲、塞尚的頑強之人物造型，是施並錫因隱喻所需研究出來的。至於畫中色彩紅與黑的配置，是他用以呈現亞熱帶地區的地理性、社會性、政治性的氣溫和氣候。畫幅中央的人正以吃重奮力又不知爲何的盲然一步步地往樓梯上方前行，線狀的樓梯扶手是脆弱的象徵，它有靠不得的危險意識的寓意；而由樓梯上方下衝的兇猛怪獸，暗示未來的世紀存在某些不可預料的逆流和不安的因子，更強化危機和憂患意識的吶喊。然而那些無知及低敏感度的人們，一邊抗爭卻又一邊自慰，自慰是象徵阿Q精神；唯有兩具有體無魂物化的假面美女，頭戴大頂寬帽，身著俏麗泳裝，花枝招展，對於跨世紀的重大變遷似乎毫不動容。施並錫對這種紙醉金迷的溫柔鄉與醉生夢死的世界和「入門各自媚，誰肯相爲言」的個人主義，提出諷喻式的警訊。他的心裡深處默默地在呼喚：「請自救！也救救台灣！

時間是殘酷的！難道我們不知到廿一世紀的新紀元就在眼前嗎？」

也許有人會質疑繪畫需要那麼浪漫主義的悲愴嗎？黑格爾的答案是肯定的；「客觀的事物，到了藝術家的手裡，卻變成非現實或不應該成爲現實。我們只相信我們所要看的是完全與現實客觀不同而又新鮮的事物」。他更進一步地說明：「繪畫必須推展到另一個對立的極端，一直到它只是單純簡明的表象形似；換言之，就是到達對主題的客觀性無所謂的境地，這個時候，最重要的是形象的藝術性創造[4]」。所謂「取自眞實，忘掉眞實」的美感距離的保持，就是施並錫在處理藝術作品與社會現象的最高準則，加上他形式表現的手法是以視覺藝術的「視覺效果」爲優先考量，所以他的繪畫作品絕對不是「個人政治觀」的宣傳畫，也不是「道德禮教」的勸世畫；不管如何，施並錫的畫作是完完全全的純藝術的創作，是反照著藝術家靈性和人性悲憫思想的作品。

施並錫在都會系列的作品間，有一個共同的形式結構，那就是大都會的現象：擁擠的人潮。他每幅作品幾乎都是一團團一簇簇的觀眾或行人；由於他所選擇的社會問題，有交通方面的：例如〈悲情月台〉、〈隧道傳說〉、〈天橋的歷史記憶〉、〈國道狂想曲》和〈永無止盡的旅程〉等；有節慶表演方面的：例如〈起神遊街〉、〈光風霽月〉、〈庶民的祭禮〉、〈無明隱覆　另類空間〉、〈新人類的節拍〉、〈露天的夜空聲浪〉和〈大銀幕〉等；有政治事件方面的：例如〈代天巡狩〉、〈小島物語〉等，這些主題與觀眾或行人可以說是密不可分，而施並錫處理人潮的方法是前排人物的輪廓大致完

4　Ibid, P.78

▲施並錫〈新人類的節拍（舞林物語）〉，油畫（194×130cm），1997。

▲ 施並錫〈國道狂想曲〉，油畫（227×182cm），1997。

整，往後便是密密麻麻的色點形成的騷動的動作和光效。

其中，〈新人類的節拍〉（194×130cm，120F）極盡聲光的騷動，也道破今日消費文明的娛樂之沉淪變相，尤其在施並錫親自撰寫的〈畫作解析〉文字裡，有一段描述相當生動，臨場感很強，筆者引用如下：「在角落裡；在海尼根的擊杯聲聲浪裡；在Seven-Star 和 Kent 呑煙吐霧裡；在陣陣原本阿拉伯國度才有的羊騷體味撲鼻裡；在『Fuck up！Hey！Man！Jerk off』的鴃舌蠻語裡；在鸚鵡學語『你好！謝謝你！』的語調裡；在杯裡、在舞池裡，什麼九州文學、歷史任務、反攻大陸、兩岸統一、二二八事變、台灣獨立、fuck you！干卿底事！有什鳥事比今宵更重要！打開皮包，補補妝，擦擦像浮水屍才有的紫黑色唇膏，俯身低頭找尋，糟了，忘記帶保險套！」[5]

施並錫使用藍、青、紫的主調色彩，營造出〈舞林物語〉聲色場合裡動盪不安的情節，忽明忽滅的輻射燈光，那麼簡單卻又那麼複雜，夠寫實也夠潑辣。

〈國道狂想曲〉（182×227cm，150F）是一幅頗耐人尋味的現代寓言圖像。施並錫在作爲一位畫家的想像力，的確是令人折服，他從「競爭」暗喩爭先恐後，從「旁觀」暗喩幸災樂禍；而且，他以高速公路象徵「只能前進不許後退的人生道路」。狗在高速公路上賽跑是人類你爭我奪的象徵寫照。整幅作品以快速透視區分爲三段：觀眾、競賽中的狗、逆行的車輛。色彩繽紛的觀眾，心中各有所思；氣喘變形的賽狗，只有狠命的追逐，與逆向的車輛，形成有趣的對比。這種夢幻意象，據施並錫的用心是意味著「被人性邪惡成分騷亂的世

5 引自施並錫作品解析。

間」。藝術性與寓言功能兩相媲美相得益彰，筆調簡潔、老辣、強勁。

一九九七年的大事被搬上施並錫所執導的〈大銀幕〉（182×227cm，150F）。大銀幕上呈現著一年來媒體所報導的事件之圖象組合，例如口蹄疫、五常街圍補白案三嫌犯的現場場面、中油大火、黛安娜王妃車禍喪生等。「媒體無所不在及人生如戲如夢幻」是大銀幕要傳達的訊息；銀幕上的人物以「再現」的寫實技法呈現，而觀眾席上的人物則以「表現」的波動筆觸與之對峙。明暗法的對比效果，締造了「時間」的逆轉：過去成爲現在，歷史成爲時事的有趣呈現。

最後，筆者再舉一幅〈迎神遊街〉（194×130cm，120F）作爲本文的結束。這是一幅視覺效果因視點的不同所產生的「異常」與「特殊」。據施並錫本人所言，此畫的創作意念是來自水墨山水畫中往下傾瀉的瀑布，當然這種景象也因空中交通的頻繁而由「異常」慢慢變爲「尋常」；俯視鳥瞰的結構，讓街面迎神的壯闊聲勢和人潮洶湧的景象盡收眼底，動盪糾結的「人」與「神」，到了難分難解的壅塞感，多彩而跳躍的筆觸，顏料厚薄應用的自如，肯定而不猶豫的線條與色塊。已經看出施並錫運用媒材的掌控能力是那麼有信心，那般爐火純青。

大世紀紀事都會系列是一種「表現」特質相當洗練的具象畫作，揭露世紀末人類內心的思變、焦躁與憂煩，以及社會的扭曲、脫序與亂象。施並錫以坦率大膽的筆法，厚塗薄敷，刻意留下的強烈肌理，具有視覺藝術的成功效果，又有藝術家入世超凡的洞察力，讓藝術與社會的互動獲得前所未有的密合契機。

▲ 施並錫〈大銀幕〉，油畫（227×182cm），1997。

都會魅影・真實人生
——談施並錫的「大世紀紀事——都會系列」

謝東山（國立台中藝術教育大學教授）

哲學的藝術

畫家施並錫一九九八年的「大世紀紀事——都會系列」繪畫中，有些作品是編寫台灣美術史，甚至是研究一九九〇年代台灣社會現象的所不能忽略的。

施並錫的「都市系列」顯然的是一個藝術家對當代台灣社會高度的道德關懷。這個系列繪畫是施並錫一九九三到一九九八年初的力作。在台灣當代藝術家中，能準確地以繪畫的方式再現台灣都會文明中的荒謬與失序的，恐怕只有施並錫一人。

藝術家的道德責任在於揭露自然與人生，包括美的與醜的。正如十九世紀英國藝評家羅斯金（John Ruskin）所說的，最偉大的藝術家才有能力表現一個國家的社會與政治之美德。這是因爲偉大的藝術家捕抓到的是現在與過去，他們的作品總是站在豐富熱情的一方，傳達生命的活力和人生最精緻的部分。但是偉大的畫家不但超越他們自身政治的觀點，也超越所有政治觀點。在施並錫的藝術表現中，對於時局的批評，對於未來的憂慮，總是出自於人道的關懷，而不帶有任何政治的意識形態。他描寫抗爭現場，描繪都市人貪婪，指出當代社會人心醜惡的一面，這種關心是出自內心的，但又遠離藝術家自己的政治立場；眞正的藝術家應該對它的創作題材保持無私的態度，而將實際的日常經驗提昇到一種寬宏沉思的觀念境界。偉

大的藝術都保有表現人類持久的熱情，就這一點而言，施並錫的繪畫藝術做到了。

在判斷一件藝術品的價值時，文論家李維斯（F・R，Leavis）曾指出：「一首重要的詩比一首次要的詩，更堅實地及更眞實地『實現』人類的經驗。」[1] 好詩的道德重要性不能與詩的性質分離。借用李維斯的說法我們來檢驗施並錫的藝術，也能夠查覺到如此的道理，他的繪畫如〈NBA籃球賽，1997〉隱喻權力的爭奪、〈天橋的歷史記憶，1995〉對政府施政的獨裁心態與視民意如耳邊風之批判、〈悲情月台，1994〉比喻都市生活中，人際關係之頻繁與短暫。比起時下泛泛之輩的創作，施並錫的藝術確實更眞實地『實現』當代都會人的共同生活體驗。

施並錫的「大世紀紀事——都會系列」創作動機是爲了闡揚人性完美的一面，雖然用的確實是一種批判的手段，它的終極關懷仍然是當代人的道德價值觀。十九世紀法國詩人與藝評家波特萊爾（Charles Baudelaire，l821～1867）將藝術區分爲兩大類，一爲「純藝術」（Pure Art），另一類是「哲學的藝術」（Philosophic Art）。「純藝術」指「一種召喚魔術的創作物，同時包含著物體與主體，呈現的是一種外在於藝術家及藝術家本身的世界。」[2] 「哲學的藝術」則指那種並非爲藝術的目的而創作，而是專爲教導我們某種事情，或爲了某種外在的目的而製造的藝術。」[3] 「純藝術」沒有外在的目的，也是今日所說的「爲藝術而藝術」；後者「哲學的藝術」。就波特

1 Raman selden, the theory of Criticism: From Plato to the Present, London, Logrman, 1988, P.492

2 Moshe Barasch, Modarn Theories of Art, I: Form Winckemannto Baudelaire, New York University Press, 1990, P.364

3 同前註。

▲施並錫〈NBA職籃賽〉，油畫（227×182cm），1997。

▲施並錫〈悲情月台〉，油畫（68.3×117.3cm），1994。

萊爾而言，是帶有實用性的藝術，它的製作是「爲了畫出一群人的民族檔案，以及它的宗教信仰」或者是類似今天所謂的「爲人生而藝術」。施並錫繪畫傾向於後者。雖然在浪漫主義流行的十九世紀中葉，波特萊爾對「哲學的藝術」懷抱敵意的是毫無疑問的事實，但是在藝術界充斥著打著「爲藝術而藝術」的旗幟，表現的卻是一堆不知所云的今日，我們也唯有從「爲人生而藝術」的觀點，來了解「大世紀紀事——都會系列」，才能實際體會施並錫藝術創作上的現階段成就。

都會魅影・真實人生

繪畫不難，忠實再現自然的世界也不難，但是要表現一個時代「生活的魅影」（illusion of life）。就連一般技巧嫻熟畫出也難以輕易達到。要表現一個時代的精神狀態，藝術家除了要有熟練的表達技法外，更要對社會現象、生活百態有深刻的觀察與體會。西班牙畫家哥雅（Francisco Goya，1746～1828）能在一個推崇理性的時代，指出人的野蠻與非理性的一面，就需要超凡的智慧與洞察社會人心的能力。哥雅的幻想畫（Los Caprichos）系列之作並非純然奇想。而是對時事的嘲諷。

那麼，施並錫的幻想性繪畫所描繪的究竟是什麼？它們是現實社會的忠實反映？還是藝術家個人的幻想？施並錫在他運用自如的技法之外，所表現的顯然不是眞實人生的寫照，也非他的幻想世界，而是十分奇妙地，介於這兩者之間，他畫出了都會的「魅影」（phantasm），但主題意識卻來自眞實生活的觀察。一件藝術品的道德品質取決於他創造「生活魅影」的力量，這種力量超越道德教條的諭示。哥雅創造的食人獨眼

巨人，象徵的不是眞實的怪獸，而是社會的不公與不義這個抽象但實存在當代社會的概念。這種間接的表現手法是一種藝術的手法。藝術並不直接表現某種理念或態度，而是藉著各種形式，具體化藝術家與大眾的共同經驗。

在台灣當代的藝術家中，有能力再現一個民族或一個國家的幻影的藝術家。如李明則、蘇旺伸、楊茂林、黃進河等人，但是就再現一九九〇年代都會生活的魅影，而兼具表現吾人國家的精神狀態的而言，則非施並錫莫屬。施並錫的「都會系列」嘲諷的除當代都會生活的總總邪惡之外，更重要的是，它們直指這些邪惡的形成大多來自人們不自覺的盲從心理。例如〈新人類的節拍，1997〉與〈露天的夜空聲浪，1997〉即是這種群眾盲目心理的寫照。一個對當前台灣都會文明稍有見識的人當不會忽略施並錫的藝術所召喚的道德啓示。

由於他對表現技法的高度嫻熟，因此不論是構圖的安排或風格的採用，都能輕易地讓人接受他所要表達的信息。在他的畫中，創作的意圖無須透過饒舌的辯證亦能讓觀者感受到，雖然我們有時會發現語言難以盡述我們的感覺，因爲他的藝術充滿了象徵意味。就符號使用上，他的作品確實表現了作者對顯義系統（signification system）的透徹了解，而且運用自如。在並陳寫實與表現風格的某些畫作上，我們也可以清楚看到他對後現代影像製造原理，如解構與挪用等觀念的透徹理解。

「都會系列」表現的不是眞實的人生寫照，而是比眞實的人生更加眞實的精神世界，這種寫照已脫離有形的物質世界，成爲一種馬克思所說的「幻影」或愛迪森（Joseph Addison，1672～1719）所說的第二層次的感覺世界。馬克思認爲，人並非創造社會的主體，而是眞實存在的社會創造了個人的意識形態。意識形態指人與社會之間的想像。愛迪森則認爲物質的

▲施並錫〈露天的夜空聲浪〉，油畫（194×130cm），1997。

世界可分爲兩大類，基本的一類具有數學的與幾何的屬性，如密度、形式、張力，這些是客觀地存在於人的感官之外。第二類如色彩、紋理、氣味，本身並不存在於物質內，而只存在於人的心中。心靈對外在世界的主觀經驗創造了藝術[4]。例如，我們凝視施並錫的〈跨世紀之梯〉時，我們看到某種巨大的結構體，但我們的想像與經驗「內在地」經驗到某種崇高（Sublime）的感興，這是圖像所賦予的非物質的第二種屬性。純粹寫實僅能刻板地複製已存在的外在世界。偉大的詩人或藝術家具有一種描繪事物的特殊能力，這種能力經常給予我們比事物本身而生動的理念[5]，他們依賴的即是想像力。

在「想像」與「真實」之間

透過施並錫的畫筆，我們看到的是這種比眞實的世界更眞實的理念。他的畫面都不是現場直接的描繪，而是經過重塑的。在重塑的過程中，藝術家並不僅僅重現一則記憶，而是記憶的重新安排。重新安排這些記憶中的資訊，是一種藝術創造的功能。

但重塑記憶與經驗這並不能視爲就是一種天才的表現；天才需要更多的東西，那就是想像力。眞正的創作是某種未曾存在事物的呈現，想像則是某種不曾存在事物的創作[6]。想像不是簡單地重塑記憶，而是溶解、注入、分配、重新創造一種表像的世界。藝術家並不發明影像與視覺印象，他的想像是一種個人接受外在世界的原始印象後，重新組織起來的產物。[7]

4　Selden, P.126
5　Selden, P.127
6　Barasch, P.369
7　同前註。

重新安排的結果使得施並錫的繪畫不再是一則眞實生活的映像，但卻比實體的生活更加眞實地震撼著觀看者的心。想像分解外在事物，重新組合成爲某種意象，提供感官新的經驗，這雖是老生常談的道理，使在當代藝術家中，能有傑出表現的確實不多。

德國當代新表現主義者當中，以基弗（Anselm Kiffer，1945～）與印門朵夫（Jorg Immendorff，1945～）兩人的繪畫，最能代表德國民族的「魅影」。基弗擅長再現德國的歷史記憶；印門朵夫則精於表達當代德國社會騷動。這兩位藝術家之所以受世人矚目，乃因爲他們的藝術不但使用德國特有的符號與歷史圖騰，也同時善於運用他們豐富的想像力，營造出德國的歷史記憶與民族魅影。

因此，光是熱情並不足以創造感人的藝術，偉大的藝術還需要透過藝術家豐富的想像力和適切的表達技法。藝術家在創作時，絕對需要熱愛他的表現題材，但更需要冷靜的判斷力，決定如何呈現這分熱情。尋求表現技法靠的是想像力，藝術家的想像力是其創作的原動力，世界因此成了藝術家的創作資源。

施並錫汲取他的世態觀察，應用想像力重組與改變這些經驗的片段，成爲新的視覺意象。長年居住於台北大都會區，施並錫將深植於記憶都市人庸俗與醜陋的一面，發酵成爲表現的素材，透過想像力的重新組合，變成一幅幅都會的魅影。例如，〈庶民的祭禮，1997〉描繪都市生活中傳統藝術的式微與女性被物化的現象；〈代天巡狩，1997〉喚醒大眾一九八〇年代島內歷經的大規模街頭抗爭之記憶；〈大螢幕，1997〉諷刺一九九七年傳播媒體對台灣整體社會的催眠效應。

▲ 施並錫〈葡萄隧道〉。

▲ 施並錫〈福安宮〉。

社會塑造

然而施並錫的都市魅影「大事紀紀事——都會系列」。提供給觀賞者的，顯然不是賞心悅目的審美經驗，相反地，它是不折不扣「醜」的觀看經驗。醜，指的不只是因爲他所採用的風格的結果（大部分作品爲表現畫風），而更多的，指的是作品的內容，例如〈跨世紀之梯，1993～1997〉中，自慰的男人、氣勢駭人的大蜥蜴等；〈雞·車物語，1995〉中滴血的機車、〈道可道·非常道，1996〉裡零亂不堪的街道，〈隧道傳說，1994〉裡血泊中車禍下的騎士。這些圖像提供給觀賞者的，確實不是愉快的視覺經驗。「都會系列」不在歌詠都市之美，而是剛好相反，都市之醜。

「醜」是「和諧」的對立觀念，醜是無可鬆緩的張力，是矛盾力量的衝突。這類的不和諧具體化於作品扭曲的造型與令人難以忍受，帶有十足嘲諷意味的題材上，前者如〈跨世紀之梯〉裡，極度扭曲不安的主題人物與豔麗模特兒之間形狀的不和諧對比，後者如〈國道狂想曲，1997〉上，以賽狗隱喻當代人在高速公路上拼命三郎精神與心態：只要超越別人一步而痛快，置生命於腦後，加足馬力狂馳的駕駛人。在這表象的背後，〈國道狂想曲〉眞正嘲諷的卻是一九九〇年代台灣社會喜歡看熱鬧與媒體嗜血的本質。

波特萊爾曾說過，哥雅的偉大之處，在於他創造出一種令人信服的魔鬼形象[8]。相同的。當代新表現大師基弗與印門朵夫的偉大之處，在於他們分別爲過去與現在的德國塑造出一系列令人信服的民族形象，這些形象雖非實存世界的翻版，但

8 Barasch, P.381

它們的效果卻比眞實的德國更有說服力，因爲藝術家創造的不是浮光掠影的德國，而是歷史德國的魅影。我們以同樣的眼光來觀看施並錫的繪畫創作，施並錫的「大世紀紀事——都會系列」也有極類似的表現。

不論哥雅、基弗、印門朵夫或施並錫的藝術，它們都創造了一種扭曲的、醜陋的、變形的、驚慄的、不存在於現實世界的形象，它們都是想像的創造物。這些不可能出現於眞實生活中的形象，就自然界的創造物而言是醜惡的，但卻具有一種令人神迷之美。它們不但創造了各個民族的魅影，也提供人類更豐富的想像，更發人深省的啓示。

然而値得注意的是，它們的偉大之處雖不在於說教，卻有社會的教誨功能。透過他們的想像力與表達技巧，這些藝術爲人類在邁向文明的過程中，提供某種心靈的改造，這也正是德國已故藝術大師波伊斯（Joseph Beuys）所倡導的「社會塑造」的眞義所在。

大地有美有感傷
——施並錫的土地新傳

李欽賢（美術史學者）

一、唯一不變的是「常變」

跨世紀的台灣面臨政治、經濟、社會的空前巨變，傳統

施並錫〈山林・殤林〉，油畫、實物裝置，1999～2000。

詩詞常讀到的「景物依舊人事已非」之類的人文嘆息，已無法適合當今的時代觀照。敏感的藝術家絕不想依憑既有的吟詠山水、展現技巧之本領，繼續討好世俗與市場。畫家施並錫更發現「常變」反而是世事唯一不變的現象。他否定了過去他自己的慣性與類型，細心觀察大地生命存亡的訊息。

敏感，是藝術家發人之所未省者；感受，是藝術家喚出創作的痛苦與狂歡。這樣的作品乍看滿目瘡痍，卻是藝術家所看到的事實，亦即施並錫畫筆下「常變」的生態寫實。

「流嬗大地」主題屬施並錫跨世紀的力作，幾乎全是百號以上的大畫面，涵蓋了世紀末台灣接受大地反撲的震盪以及迎接新世紀台灣的陣痛。時代大變遷，大地大翻滾，山河大動搖，無奈的台灣越過了一場前所未有的大地震，再度站起來，展現浴火重生的希望。

施並錫的心痛是痛定思痛，從痛處反思，於是土石流的禍首——檳榔、肆虐美麗島歲月的天災——地、水、火、風四連作，還有八掌溪事件人爲疏忽所造成的悲劇，以及高屏溪大橋斷裂事故，都上了施並錫巨大的畫幅。其所產生的震撼已非單純的報導性圖像可堪比擬，施並錫以探究眞相的原理，把他的感受畫出來，讓人們面對畫作勾起史詩的衝擊。施並錫探究事件眞相有歷史的宏觀，還有對土地一貫的深情，只有這樣的藝術家，才有敏銳的時代嗅覺於先；表達強烈悲鳴的感受於後，建構了施並錫「流嬗大地」之與時代無法脫鉤的系列巨作。

高屏溪大橋斷裂於公元二〇〇〇年八月廿七日，這座橋齡不長的水泥公路大橋，事實上仍抵不過一九一四年竣工的高屏溪鐵道橋。斷裂紀事搬上畫面，施並錫的感觸是橋下「流水依舊景物流變不已」，橋斷的成因包藏了盜採砂石、偷工減料的嚴重性。是以作者畫斷橋紀事也要揪出禍源，甚至所有「流嬗大地」系列大畫幅，皆以顛覆福爾摩沙舊圖像，提出新觀照、新詮釋，一切思惟的基礎，在於深入究明台灣「常變」的生態現狀。

二、歷史與現實交叉呼應

福爾摩沙圖像的新詮釋，有些畫作作者採用了歷史與現實交叉的效果。大地有美有感傷，即其交叉手法的呈現。

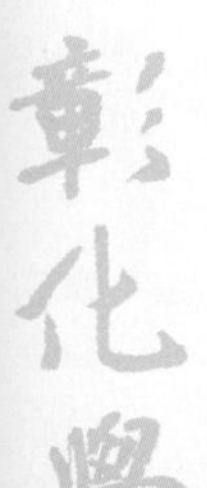

施並錫出版過一本書，書名《畫說福爾摩沙》，網羅了他青年時期到中年對台灣風物的感懷，彼時畫福爾摩沙是一種追逐福爾摩沙原像，用心於台灣文化圖騰的浮現。旋踵間，大部分作品已進入施並錫藝術生涯的歷史。台灣從世紀末到跨世紀的政治激情，山河崩裂，施並錫改變福爾摩沙頌歌喚醒國土情操的風景觀，加注天搖地動、國土變貌的大關懷。凝視大地傷痕，風景的意義參雜著地理與歷史乃至現實，成爲這塊土地開發以來，有過的人事物與大自然現象彼此牽動呼應。

過去數百年間台灣的開發緩慢，由篳路襤褸到阡陌縱橫，從海域邊疆至人間樂園。《畫說福爾摩沙》施並錫執著地敘述、圖繪原始的台灣美，企圖塑造台灣風物的圖騰。不過施並錫早已意識到過度開發將有的危機，但沒有像近作「流嬗大地」系列如此赤裸裸地提出批判。

批判濫墾以及變造山林所帶來的災害，作者以「檳榔山水」爲題，創作檳榔樹與土石流分拆組合的巨大畫面，讓最能象徵台灣的天然植物與植林不當造成土石滑落的殘像，相互控訴，藉畫面意象讓土地發出怒吼。施並錫的福爾摩沙新詮釋，不故步自封，採取大膽且創新的併合手法。檳榔土石流的怒吼不是爲養眼而畫，是爲警惕世人而發。

另一幅極富諷刺生的〈山林・殤林〉，光看題意就曉得作者將訴說什麼。「殤林」的象徵，作者以實物表達受傷意涵，顯然有藉裝置藝術理念，突破傳統平面圖畫的處理方法，其視覺效果是施並錫不斷追求現代感，不作重複性之技巧進步爲滿足，是現代藝術家隨時代脈動把握視覺品味，最不能忽略的一環。

福爾摩沙的好山好水好風景，施並錫畫過。進一步，山河變形原因何在？創作者若不思考這個道理，或不去想災害將延

▲ 施並錫〈檳榔山水（C）〉，油畫，2000年。

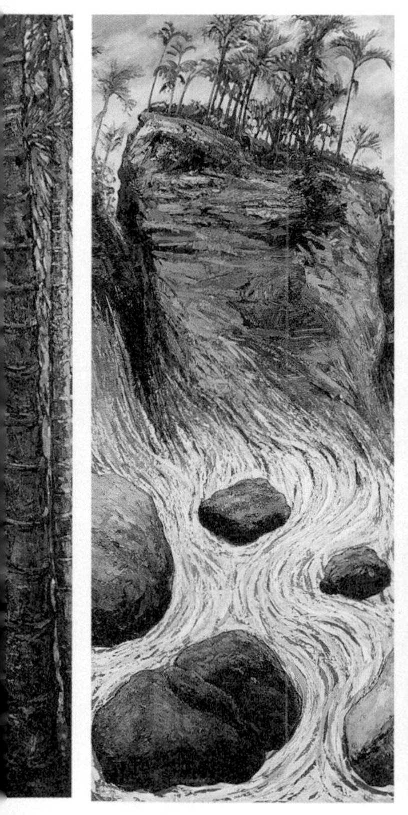

禍子孫，必沒有藝術家敢正視破碎山河而落筆的勇氣。

施並錫畫出了新福爾摩沙的美麗與哀愁。

三、台灣美的焦慮圖像

施並錫「流嬗大地」系列巨作頗有今人觸目驚心的畫面，是作者道盡台灣之美前的憂心。憂心下的土地新傳統換成圖像，傷痕累累，作者以歷史情懷和地理認知，尋索焦慮中的台灣，呈現不同角度的台灣美術。

台灣美術已然走出唯美的、山光水湄的尋常焦點，注入爭議論題，借力使力，突顯風景的人文性與社會性，擴張繪畫版圖無限上綱，台灣之美脫離純欣賞，接近了反覆思考的地步，這就是施並錫新作的時代意義。

台灣美術的焦慮圖像極少出現於美術史上，有一陣子模仿西方超現實主義手法呈現的哲學式焦慮，並沒有與土地共生詠嘆的情緣，那畢竟是彼時新生代青年的感時傷懷，是白色恐怖時期的心靈出口。今天施並錫所拋出的焦慮圖像，都是近年來台灣發生過的血淋淋事實，從八掌溪四名待救的工人到〈賽龍舟〉乃至〈民意如流水〉的萬頭鑽動，作者以人做議題，隱喻生命的尊嚴與人性的浮躁，其實這也是現代台灣人的寫照。

選舉與慶典已成為今天台灣人心沸騰的另類舞台。〈飛龍在人間〉，作者藉龍圖騰諷喻封建霸權，畫中背景選在同具權威性的建築物大門，依線條走勢營造龍騰與飛簷絞結的筆力，刻劃龍威盤據咱土地的反諷場景。

至於人潮是盲從的、不由自主的，施並錫視民意也是一種流水，賽龍舟是群策群力順水而流，都是很現實、很俗民化的集體行動。時間一到人群流逝，期待下回再聚。

台灣美術也很少有此般熱鬧場面，本來可以用歡笑的嘉年華會來處理，但是施並錫卻以冷眼省視群眾中的個人意志，都捲進浪潮裡去了。

現階段台灣美的焦慮圖像，是施並錫「流嬗大地」的創作主題，放大開來就是台灣跨世紀的大紀事。這樣肯與時代共嚐滋味的藝術家不會很多。焦慮圖像也許不美，但也非完全醜陋，它是台灣美的時代經驗，端看藝術家怎麼轉化，怎樣表達。

施並錫選擇平面性的油畫，以畫與畫的呼喚，人與畫的對語，為維護台灣美，期待台灣要更美，面對大畫布坦誠告訴大家：大地有美也有感傷。

什麼都變了，只有流水不變。流水好比光陰，時間過去，世間無常一直持續。「常變」是以成為不變之理。跨向廿一世紀的台灣，承受遽變，浴火鳳凰，未來土地傳記勢將重寫。

處理流變時代繁華都會，車流亦如流水，〈川流不「熄」〉一作就是我們習以為常的城市夜景。快速、華燈映照出一幅流光似水的畫面，夜間行車交錯奔馳，是回家或赴約，交代了現代人生活的律動。車子擦身而過，人的距離愈來愈遠，也是現代人的寫照。作者畫車流燈光以彩管代筆，宣洩如注，一氣呵成。

台灣美的焦慮圖像可以說是施並錫的土地新傳，對台灣跨世紀提出福爾摩沙圖像的新詮釋，舉凡生態破壞、土石流禍首、大地震現場、水火災變的無情等等，珍惜大地之美，痛陳現實感傷，施並錫為台灣美術留下傷痕美感，留下記錄，留下見證，一切都為這個時代。

▲施並錫〈飛龍在人間〉，油畫，2000年。

Vince Shih. 2000

陵遷谷變，逝者如斯
——施並錫「流嬗大地」系列作品觀後感

花亦芬（德國科隆大學藝術史博士·國立陽明大學專任教授）

一、

從二十世紀末邁入二十一世紀的台灣，心情有些茫然，思緒也容易失焦。九二一大地震似乎開啓了台灣社會自解嚴以來，另一波排山倒海的變動。只是這次變化的不只是社會政治的面貌，天崩地裂的哀嚎中，所有人經歷了福爾摩莎美麗之島上，大自然天地不仁的肆虐。天搖地動的驚嚇裡，台灣居民不僅血淋淋地體會到人面對自然災害時的渺小無助，更觸目驚心地看到經濟過度畸形發展，人謀不臧的愚蠢與禍害。

邁入二十一世紀的台灣，沒有人再提曾經盛極一時的「台灣經驗」。經濟的經驗？民主的經驗？台灣像是舔舐著傷口的小獸，原生的活力仍遏抑不住地化爲從傷處不斷迸散濺灑出的溫熱鮮血。受創的山河，毫無理性可言的政爭，斯景斯人，總讓懷有深刻本土關懷的藝術文化工作者，筆觸愈益沉重哀痛。

難以建立文化發展共識的社會，心緒焦躁疏離的芸芸眾生，日常的現實、社會政治的「其實」，成爲大家亟欲擺脫的泥淖；揮之不去，「嘿！嘿！嘿！」的乾笑也可成爲新世紀之初，各族群世代無奈、但是心領神會的嘲謔。在這樣的時刻，仍堅持走本土關懷、社會批判的創作之路，創作者必須面對的艱辛，是可以想見的。

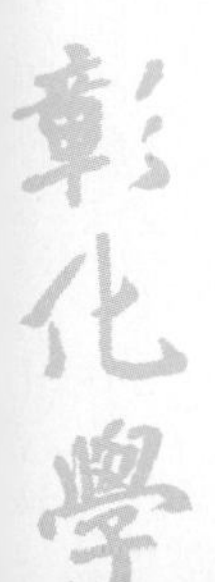

二、

每個時代、每個社會其實都有必須特別花費心思面對的爭議與難題。在這個意義上，不只人類史沒有特別好或特別壞的時代；就藝術創作而言，每個時代都有特別值得開發探索的題材與風格。具有時代典型的景象不一定是當代司空見慣的既有事實。時代氣氛的掌握捕捉，有時反而需要藝術家個人敏銳犀利的巧思點撥，將之視覺化、形象化，把幽微不顯的存在，淬煉爲可以共同沉思體會的記憶：Masaccio（1401～28）畫十五世紀佛羅倫斯街道上等待神蹟降臨的世俗與宗教，Vermeer（1632～75）畫十七世紀荷蘭尋常人家廚房中倒牛奶的女僕，Van Gogh（1853～90）畫十九世紀荷蘭貧困農村的食薯者，或德國表現主義畫家 Ernst Ludwig Kirchner（1880～1938）畫二十世紀初柏林大街上穿著黑色皮裘、頭帶羽氅高帽，滿臉勢利刻薄的歡場女子。這些畫家都用素樸有力的藝術形式，將週遭的凡俗情境表現爲具有時代特色的鮮活形象。透過這些形象的塑造，他們不僅「見證」了歷史、「記錄」了歷史；其實更應說，他們的傑作賦予了彈指即過的日常點滴不平凡的歷史意義。尋常的世俗行徑在他們細膩的人文觀視下，被轉化爲以血肉寫就的時代心跳，鏗鏘有力地傳響在人類共同的記憶裡。

藝術是撞擊，是召喚，是散發，而非複製。再細緻的現場觀視、再貼近的圖像重現，其實都旨在表現畫家對描述客體的個人詮釋。相較其他具有「科技眞實準確性」的創作媒材，油畫作爲平面藝術獨一無二的特質最終仍存在於，畫布上只有油彩才能塗陳堆疊出的質感與重量。透過顏料、形式、筆觸的表現，使觀者在畫面上透過不同的觀視角度重新看見自己、看見世界，感受生命、省思人生。正如 Picasso 所說，有了攝影與

▲施並錫〈川流不「熄」〉，油畫，2000年。

電影之後，畫家更好作畫，因爲至少他知道，繪畫不應該是什麼（Now we know at least everything that painting isn't）。

究竟，什麼是畫家畫筆下當代台灣史的「眞實」？觸目可見的事件，九二一地震是，政黨輪替是，八掌溪事件是，蔡瑞月舞蹈社火災是，當然最近希臘油輪在龍坑的漏油以及連續的森林大火也都是。這些事件也同樣能以按下照相機。攝影機快

▲施並錫〈三春村的老樹〉。

門的方式來做報導性的記錄。台灣「當代的眞實」需要什麼新的視覺形式與質感表現，方能讓人更透徹地感受到其中血脈相連的理解與透視？如何讓台灣人在生活裡充斥的新聞影像中，透過油畫創作，重新看見自己當下的存在與失落？在感傷喟嘆之餘，什麼樣的視覺意象能讓人在耳目一新的驚視中，有著被當頭棒喝後，了然清新的醒覺？

三、

藝術不能直接改變社會亂象，這是施並錫曉然清楚的。他時或直接的社會參與或執筆爲文，都透露出視覺藝術工作者忍不住的憂心。回歸到創作層面，如何透過圖像的創造，讓台灣民眾更確切地看到自身存在的環境，是他賦予自己的任務。從三年前的「大世紀紀事」，到此次「流嬗大地」系列畫作，可以看出他在一貫社會關懷的主題下，力求突破的企圖心。從喧鬧刺眼的都會，到破碎的國土山河，三年之中，描繪對象有了不小的轉變，對畫家的思考及表現能力都是一大挑戰。施並錫能勇於實驗嘗試，自己找路走，實屬不易。

雖然定居台北多年，內心深處，施並錫始終沒有成爲眞正的台北人。爲了瞭解九二一震災的實況，他不顧關節炎之痛，帶著愛妻騎了三百多公里的摩托車，深入各災區，只是爲了親自探視震災的實況。進入災區，進入鄉土的創痛，陵遷谷變後的大地，不再是可親可聊的原鄉記憶，而是逝者如斯的驚懼。夢魘般的不安召喚似地牽引著他，不由自主地一再細看各處傷口的疼；卻也讓他不自覺地在天地不仁的感傷外，對造成傷害的原凶人，不願卒睹地抗拒批判。

這個心情不自覺地表現在不少作品對人物的描寫上。簡

單重複的線條與符號，色彩不是俗麗，便是暗澀無光，像是對台灣一窩蜂見利忘義的人，做出最沉痛的控訴。控訴的對象轉變爲傷害原鄉大地的始作俑者，人物的表現在此次展出的畫作中，的確是個值得觀察的現象。有意識與傳統寫實繪畫強調對個別人物詳細刻劃作出區別，施並錫故意不去表現任何人清楚的臉龐，或者身體四肢的姿態表情。失去容顏姿勢的人，從表現技法上，可說是很印象派式的，明顯見於 Monet 的〈旌旗飄揚的蒙特蓋伊街〉（Rue Montorgueil Decked out with Flags，1898），都會大街上蜂擁興奮的人群，與五彩飄揚的旗幟全都融合在一起。然而，施並錫不像 Monet，可以單純著迷於光影色調的變化。他的鄉土情一直讓他以愛之深、責之切的心情觀視本土。台灣大地的流嬗，對他而言，是大樹無法著根的憤怒與哀痛。喜愛採用俯視的角度畫人群，而不是平視的面對面，自有一種冷眼覷紅塵的悲愴。他的色彩筆觸雖然沒有著意朝向建立個人畫意符號系統發展，卻仍讓人讀得出絃外之音。

「地水火風四大無常」的系列畫作，也是此次畫展特別值得注意的作品。跳脫懷鄉念舊的情懷、超越傳統藝術追求純美造境的侷限，如何從不同面相、用不同筆調表現台灣多災多難的傷痕，在台灣油畫創作上，是相當有思考性及創意的新嘗試。〈大地・震後〉表現九二一災區水泥建築、柏油路面的斷碎傾頹。籠罩畫面的灰青紫色調中，怪手映爍著剛硬慘冷的黃色鐵光，像是對爲時已晚的災後搶救，發出淒厲尖銳的哀號。市鎮殘破的景象，本身也搖搖欲墜的救難機械在災區的意象，道盡了台灣居住環境無語問蒼天的無奈。〈二十世紀末八掌溪紀事〉則記錄了台灣湍急溪流的悲劇。台灣的溪流本是施並錫經常表達的主題之一，他也用心去體會溪流流滴的各種表情情

▲施並錫〈大村田野〉。

▲ 施並錫〈塭仔港〉。

緒，賦予它們意象豐富的生命。然而，在這幅湍急噬人的溪流圖中，表現人與自然的手法卻是截然不同。相較於溪流的奔騰洶湧，大自然狂肆不羈的生命力之令人節目驚心，八掌溪四個受難者卻宛如被隨意拋擲於急流中的廢棄銅像，沒有筆觸暗示任何表情，遑論具有生命。去生命化的人，遠不如被視爲具有生命的溪流。施並錫說，他刻意將這四位受難者物化處理，不是渺視生命悲絕的存在，而是藉此彰顯這四位無辜受難者的喪生，在台灣社會的荒謬意涵。「他們就像物品，只是被用來作爲熱鬧炒作以及政爭的工具，任由不同的人從各種自私自利、自以爲是的角度來看他們，看完就算，又有誰眞的把他們當成一個個有生命的人呢？」〈浴火重生——蔡瑞月舞蹈社記事〉則以蔡瑞月舞蹈社火災爲描繪現場，熊熊烈火的狂野，要求畫家在表現都市與自然景觀之餘，也能表現單一元素——火——本身具有的能量，以及人面對此能量肆虐時，無力的哀感。熊熊的火焰映照著畫幅下端蔡瑞月舞蹈社蒼白的標誌，畫家面對本土文化在深夜冷寂中又一次無力可回天的失落，心中的哀感，躍然筆端。

四、

與對社會各類事件的關注相對的，是創作者對自己觀視角度的反思。當社會關懷與批判變成長年持續的投入時，是否關懷與批判本身也變成一種固定的視野、不變的姿勢，現代藝術創作追求的無盡想像與活潑，不免在其中因定型化而自我設限、甚或不免自我耗損？施並錫並不是沒有注意到這個潛藏的危險。在〈地牛翻身傳說〉、〈高屏溪紀事〉這類作品上，可以看出，他試圖用比較隨意、稚拙的筆調，爲畫面注入一些童

趣的天眞，減輕瀰漫此次大部分展品的批判「低氣壓」。能夠動人心絃的「清新」究竟是什麼，「老成」與「清新」如何相互發明，使系列作品本身也豐盈在彼此活潑有力的對話中，而不會流於沉悶單一，窄化了多元觀視想像的空間，不僅是特定畫展應該注意的問題，其實也是本土畫家在建立「台灣圖像語彙」時，應留心不要受既定理念限制，反而削弱創作本身應追求的活力與發現力。

將同一符號放在不同的描寫對象來思考，也可從此次展出作品見出畫家的用心。深具傳統中國統治者圖騰色彩的「龍」的形象，在〈賽龍舟〉與〈飛龍在人間〉兩幅作品中，得到了相當不同的表達。畫家沒有刻劃〈賽龍舟〉裡龍船的實體造型，而改用縫紅、朱紅、翠綠、石青等台灣民間藝術常用的顏色，舖陳出台灣端午疾行中的龍舟意態。刻意彰顯民俗色彩在龍舟形象的質感意義，點明了龍舟在台灣社會文化的符號出現層次，龍舟的色彩復與岸邊、船上熱鬧擁擠奮不顧身的人群符號相呼應，畫家筆下對台灣社會集體活力抒發的描寫，是帶有反省思考的。〈飛龍在人間〉也是具有批判意味的作品。畫家以極爲奔放流暢的線條，將飛龍的騰躍與傲視刻劃得入木三分。飛龍的靈感雖來自元宵節中正紀念堂前的巨龍燈飾，但在此幅作品裡，飛龍與政治性公共建築物互相纏繞結合，傳達了完全異於民俗節慶的景象。呼應著飛龍扭轉舞動的氣勢，龐然的建築物隨之煥然生姿，似乎意謂了政治圖騰與政治性建築一齊起舞昂揚。廣場上的舞龍則用紅藍黃三種基本色調勾劃出，符號雖簡單，但力道足以與盤旋在天的飛龍相頡頏。

▲施並錫〈風和日麗遠山含笑〉。

▲ 施並錫〈虎山岩〉。

五、

具有藝術才情，是命；選擇執著於創作生涯，更是命；「樂天知命」恐怕是眞正藝術家不得不然的宿命。

好的社會寫實的作品，要求一定的客觀性，才能引起共鳴，引發同感。而好的藝術品也要求一定的主觀，甚至是創作者對此主觀眞摯的堅定，將此主觀提昇爲藝術上個人視覺思考、圖像表達的極致。這個極致，是視覺藝術創作者對人世宇宙獨樹一格的凝視與生命以之的詠唱。

走進故鄉傷處的痛，是一條長夜漫漫的路。施並錫選擇了一條自己無悔的路走。他的探索，他的匍匐，將「陵遷谷變逝者如斯」的傷痕，化爲畫布上追求扎根鄉土一筆一畫的實在步履。

哭過長夜的人，如果仍然懂得深情凝視長夜裡微渺的星光閃爍，含淚的微笑裡，他其實也知道，面對風雨或天明，生命自有不喜不懼的承擔在。

油畫圖像建構歷史與文化
——以施並錫《走過半線巡禮故鄉》為例

康　原

一、前言

二〇〇八年四月施並錫出版畫集《走過半線巡禮故鄉》[1]，這本畫集以油畫彩筆爲故鄉留下五十五幅作品，包括自然山川、古蹟、歷史建築、產業、人文風景等，畫家嘗試以圖像建構歷史與文化，其用心可謂良苦。筆者長期在彰化地區以文學建構歷史，以詩歌記錄生活，閱讀了這些圖像之後，被生動彩筆下的半線情懷感動了。本文希望剖析施並錫巡禮故鄉後，留給鄉親的作品，透露些什麼信息與意義。

施並錫曾說：「藝術家是主體生命的闡釋者，以敏銳微細的情感，把握生命的價値與意義。」因此，他借用海德格「領會」、「思」、「視」、「透視」[2]等概念，去揭示生活體驗與生命關係，從事創作中的歷史意識與土地情懷，用作品去詮釋他的愛鄉情懷與守護土地的觀念。

這五十五幅作品，題材來自半線大地，描繪土地上人民的生活，記錄了大地中的流遞現象與土地的變遷，在自然山川中，畫家走過各種靈動的山水之間，觸動他對生命的寧靜體會，在面對家鄉這些美景時，他與大自然合而爲一，畫出這些讓人心動的山水。爲了論述的方便，把這些作品歸類成三個類型：一是「從古蹟與人文景觀呈現歷史文化」；二是「透過田

1　施並錫：《走過半線巡禮故鄉》，彰化：彰化縣文化局，2007年4月。
2　施並錫：《巡禮故鄉的平實彩筆》，52頁。

▲施並錫〈扇形車庫〉。

▲施並錫〈員林火車站〉。

野風光發現鄉土之美」；三是「以人道關懷記錄常民生活」。

二、從古蹟與人文景觀呈現歷史文化

詩人路寒袖在高雄市文化局任內，曾出版一本《爲歷史的蒼茫打光》[3]的文集，邀請十二位詩人，爲高雄市的古蹟、歷史建築寫詩。他在序文〈用詩磨亮打光〉說：「……對古蹟、歷史建築的調查研究、修護、保存、活化再利用，進而藉由各種媒介，譬如文字、影像、繪畫、網路，甚至於音樂等多元的呈顯，或者踏勘、參訪、導覽等活動，以推廣和教育民眾深化文化資產意識，凡此種種作爲，是政府機關中各級文化部門的重要工作。」[4]因此，運用詩與古蹟、歷史建築影像結合，用詩去做爲磨光紙，把古蹟擦得更亮麗，比如「旗後的天后宮」媽祖廟古蹟，詩人李魁賢以詩〈沉默的媽祖〉寫著：「廟不在大／爲神不在多言／我默默坐定／不動如林／對行船人的安全／我心中自有盤算／天有好生之德／廟小與我何有哉／即使屋漏我仍自得／不用紙錢賄賂／不用呼天強地／我不能呼風喚雨／也無意霸佔位置／我提供的信仰／以愛爲本／故曰：廟不在大／有詩則名／神不在言／有誠則靈」[5]。去欣賞媽祖廟或其影像時，再讀這首詩，想必有更深刻的感動，除了廟宇之外，台灣人拜神的想法與媽祖之間的關係，眞是點滴在心頭，透過詩更能啓發人們對信仰的思考。

彰化縣文化局每年都有「磺溪接力美展」，出版有成就藝術家作品，二〇〇八年施並錫回鄉展出之前，計畫展出彰化縣

3　路寒袖主編：《爲歷史的蒼茫打光》，台中：晨星，2006年12月。
4　同註2，序文。
5　同註2，18-19頁。

的重要地景與田園風光、民眾生活，出畫冊時施並錫邀我幫他書寫圖像解說，當然也希望能爲這些古蹟建築打光，使欣賞畫作時更能清楚了解畫家的思想與感情，在文字書寫古蹟的歷史淵源，以及閱讀圖像後的感覺說明，於是選擇散文與詩的形式去書寫。

古蹟及人文景觀共有十七幅作品，畫的景點有：八卦山大佛、虎山聽竹、扇形車庫、興賢書院、員林天主堂、文開書院、意樓、溪湖糖廠、鳳山禪寺、道東書院、林先生廟、西螺大橋、清水岩、羅厝教堂、福海宮、福興米倉等，這些都具備有歷史意義的景點。

端坐在八卦山上的佛祖，是彰化的地標，大佛像的地點過去是定軍寨，也曾經是能久親王紀念碑的所在地。一九六〇年改建成大佛，佛前的右側是八卦山文學步道，許多人來探究陳肇興的《陶村詩稿》[6]，來閱讀戴潮春的反亂事件，讀詩人王白淵（1902～1965）、洪棄生（1867～1929）、陳虛谷（1896～1965），看賴和筆下的〈低氣壓的山頭〉，來回想乙未年（1895）的那場抗日戰爭，步道上的相思林內充塞礦溪精神。

畫八卦山大佛的因緣，施並錫說：「小學五、六年級時，曾到八卦山去遠足，如今在畫時就有回憶。」從圖面上看大佛前面有一些兒童與人物，或許就是施並錫的記憶，圖左的獅子與右側的商店，然後佛像的後面該還有香客大樓，畫家只取端座蓮花上的佛，後面是一片亮麗的天空，讓人感到佛的慈悲與寧靜。（但當遊客來到佛前，若當導覽人員，一定會去介紹八卦山的歷史變遷。）

6　陳肇興：《陶村詩稿》，台灣省文獻會，1978年6月。

▲施並錫〈興賢書院〉。

▲施並錫〈文開書院〉。

如果我從文學的面向切入來介紹八卦山，會從研究者黃文吉的一篇〈八卦山在台灣古典詩中的意義〉[7]談起，依黃文吉分析歸納，從明鄭到日治時期（1661～1945）期間的漢詩所呈現的意義有四，八卦山是：登覽遊賞之勝境、彰化城之表徵、歷次戰爭之場域、瘞骨之地。也可以用《賴和與八卦山》[8]來談賴和的詩與文化協會在八卦山上的活動。因此八卦山大佛的圖像，就可以牽引出整個彰化市的歷史與文化。

曾經與施並錫一起去畫歷史建築「扇形車庫」，我向畫家提起「鐵道詩人陳金連」[9]的詩，一輩子在彰化火車站服務，見證殖民地人民的悲慘，以火車與軌道表達生存的悲哀，在被殖民的台灣，詩人背負困厄的傷痕，就如鐵軌被火車碾過的腫脹，詩中鮮明意象是台灣人苦痛的印記，因此我在介紹時寫著：「二〇〇七年九月五日，我帶畫家施並錫教授，到彰化火車站北側的扇形車庫去寫生，畫家選擇車庫正前方偏右的地方，置上畫架到作品完成約兩個半小時，從第一筆繪上基準線，構圖由上而下，色彩由濃而淡，看畫家流暢的筆在畫布上游走，汗從雙頰滴落，專注的神情令人敬佩，聽說回家還要做細部的修飾才能定稿。」

台鐵機務段彰化的扇形車庫，建於大正十一年（1922）[10]，已經有七十七年的歷史，是爲了蒸氣火車所建，讓火車頭在長距離奔馳後，進入休息或整備、保養火車頭，有「火車頭旅館」之稱。

畫作進行到一半，在機務段服務的邱家增也來看畫，閒聊

7 黃文吉：〈八卦山在台灣古典詩中的意義〉，《國文學誌》，彰化師大，2004年6月。
8 康原：《賴和與八卦山》，中華兒童叢書，教育部出版，2001年12月。
9 張德本：《台灣鐵道詩人錦連論》，台北縣文化局，2005年12月。
10 陳仕賢，《彰化縣古蹟與歷史建築導覽手冊》，彰化縣文化局，2006年11月，60頁。

之間知道他是一位鐵道文化工作者，喜歡攝影也是扇形車庫的導覽人員，我建議邱先生以後導覽能介紹「鐵道詩人錦連」的詩作品。

錦連（1928～）本名陳金連，鐵道講習所中等科暨電信科畢業，日治時期就服務於鐵路局，直到退休，他的詩是現實生活的延伸，詩富高度批判性及諷刺性，強烈表達生存的悲哀，這首〈軌道〉寫著：「『被毒打而腫起來的／有兩條鐵鞭的痕跡的背上／蜈蚣在匍匐　匍匐…臉上都是皺紋的大地癢極了／蜈蚣在匍匐／匍匐在充滿了創傷的地球的背上／匍匐到歷史將要淹沒的一天』此詩以火車與軌道表達人生存的悲哀，詩人背負困厄的傷痕。」[11]來到扇形車庫，不僅了解扇形車庫的重要，也知道鐵道詩人的文學成就。

曾在展覽會場與同爲畫家的王輝煌[12]，討論過施並錫的畫，王輝煌說：「扇形車庫的圖像，畫家利用低明度與低彩度的顏色，加上灰濛濛的天空，適切呈現走過數十年歲月的老車庫，歷盡滄桑應有的陳舊樣貌。橫直交錯的線條，非等距的分割畫面，產生不同長短、輕重、大小的節奏。簡單幾筆就將藏身機房的車頭畫出來，不但增加畫面的趣味，也展示了畫家的功力。」又說：「員林天主教堂，紅色教堂佔據畫面二分之一的面積，強烈突顯了主題。微斜的尖頂讓穩定的三角構圖打破左右均等的界線。單純的天空與豐富的地面景物，形成虛實對比的效果，也傳達了混濁人世，宗教爲芸芸眾生提供追尋靈糧與慰藉的意涵。」詮釋此兩幅畫的表現技巧，這些話該是中肯又正確吧！

「虎山岩」是彰化的八景之一，畫家在藍天綠蔭的背後，

11　同註1，11頁。

12　王輝煌（1944～）南投草屯人，知名水彩畫家，寫過南投美術史。

▲施並錫〈道東書院〉。

▲施並錫〈意樓〉。

畫出紅色的廟宇，樹幹下還有一塊巨石，在介紹〈虎山聽竹〉一幅圖時，寫著：「虎山岩位於花壇鄉，因山岩形似臥虎之姿而得名。傳說此地地理爲虎穴，四周茂林修竹，竹影參差、清風徐徐、鳥聲嚶鳴、綠蔭成林，置身其中猶如仙境，爲彰化縣八景之一，詩人陳書〈虎巖聽竹〉詩曰：『虎岫居然象虎成，巖間多竹愜幽情。此君日與山君對，嘯谷風從嶰谷生。僧院時聞無俗韻，游人坐聽有清聲。白沙形勢誇雄踞，況復千竿戛玉鳴。』[13]乾隆十二年（1747）白沙坑信士倡議建佛寺，崇奉觀音菩薩，但苦於淨域難求，幸蒙信士賴鳳高捐獻山林，興建佛寺，使虎山岩成爲清代三大名寺之一，而賴鳳高是賴和（1894～1943）的先祖。

「這個寺廟的格局屬三合院單殿式，正殿前帶拜亭，形式小巧玲瓏，麗經多次修建仍然保持古樸廟帽，廟前種有古榕，枝葉茂盛，爲山中寧靜之佛寺。這裡是古蹟遊憩區，寺旁有服務中心，停車場，是民眾尋幽訪古及假日休閒旅遊的好去處。我曾寫過〈虎山聽竹〉的詩：『虎虎生風的吉地／竹林　重重又疊疊／聽竹成道的菩薩／觀自在　　虎山岩寺靜坐／奉獻　吉地的賴家／流出一條　　葵河／延綿著磺溪的／公理與正義。』」傳說這塊廟地是賴和的祖先捐獻出來蓋的，因此在我的詩中寫出這一件事，讓旅客及地方人也能了解，這個歷史因緣。研究者卓克華曾說：「台灣灣寺廟古蹟之所以可貴，是它可以凝固時間，讓歷史的某一段紀錄忠實的表現出來。這種價值可以與文字歷史互相引證，也可以修正文字記載之偏差與謬誤。」[14]可見施並錫記錄廟宇的美之外，也記下了人民的開發歷史。古蹟是人類社會發展與文化活動留下來的證物，具體反

13　周璽：《彰化縣志》，台灣省文獻會出版，1962年11月，496頁。
14　卓克華，《從寺廟發現歷史》，揚智出版社，2003年11月，21頁。

應一個地方、每個時代的生活方式與宗教信仰。

畫集中有五幅作品畫了三座書院，兩張員林的「興賢書院」，一張畫鹿港的「文開書院」，兩張和美的「道東書院」，興賢書院是一八〇七年建造，文開書院創建於一八一一年，和美道東書院於咸豐七年（1857）創建，要了解彰化縣的教育發展，除了孔廟之外，書院是重要的地點。

畫家筆下的「文開書院」格局恢宏，採一般廟宇的山門、大殿、兩廂的格局。書院前綠樹濃蔭，文廟前有泮池，爲鹿港的八景之一的「荷香泮池」，文廟和武廟之間有「虎井」，水質甘涼，井前月門有匾額題「蓬萊第一泉」。夏日，坐在古木成蔭的樹下，微風徐徐吹來，望著文廟，想過去鹿港風華的歲月，記起周定山的兩句詩「饒有閒情逃世易，絕無媚骨入時難」[15]，鹿港之文風鼎盛，文開書院扮演重要的角色。

「道東書院」兩幅作品，除了一張全景之外，另一幅以圓門方窗表達〈圓融〉的主題，道東書院在傳統的建築中，常會發現許多門窗運用了圓與方的造型，在和美的道東書院中，有圓門與方窗，每當走過這個圓門，就會想起丁遠峙的《方與圓》，作者以方與圓立論，透過方與圓說道理，形狀有象徵意義，方與圓其含義「喻人處事要外圓內方」，做人必須圓滿，打開心胸而不頑固，接受別人意見而不拒之千里；處事方正，做事光明磊落，眞心誠意而不是虛僞的奉承，正正當當而不小人嘴臉。這些都是做人處事成功的必備條件。

丁氏書傳遞著做人該像古代的銅錢一樣，外圓內方。「外圓」指的是了解人性、把握人性、善用技巧利用人性，以促進人際關係。「內方」指的是自己的「品質」，也是一切外在形

15 施懿琳、楊翠、康原、林文龍：《八卦山文學步道導覽手冊》，彰化縣文化局，16頁。

▲施並錫〈吳晟的老家〉。

▲ 施並錫〈集集線的火車〉。

象的根本。一件貨品的包裝再怎樣精美，如果貨品本身品質低劣，仍然沒有人會去買它；即使只注重包裝，因精美而購買，下次一定不會再上當。做人若僅著重人際關係，只是「嘴皮相款待」，如同戴面具，所謂「日久見人心」，面具會被揭穿；反過來說，若只是故步自封與沒有學習人際關係，就像品質優異的貨品，缺乏了適當的包裝，往往引不起消費者的購買慾。

畫家以道東書院表現爲人處事的道理，供奉朱熹的和美「道東書院」，取「王道東來」之意，阮姓家族爲鄉里倡建此書院，爲了「讀聖賢書以達理，明辨是非識正義」，我想「圓門與方窗」的設計，該有暗喻「爲人要圓，處世要方」的寓意。

「興賢書院」因九二一地震災變倒塌後，民間發起搶救活動，終於在二〇〇六年元月修護完成，以三合院對稱組合的形態又站起來，採雙進式的建築格局，其構造包括正殿、後堂、廂房、花廳和敬聖亭等。施並錫畫了兩幅作品，記錄重建後的興賢，另一幅連公園的水池也畫進去。這座創建在嘉慶十二年（1807）的興賢書院，原名「文昌帝君廟」，爲員林地區最早的文教發祥地，已經有兩百年歷史了，早年設有「興賢吟社」，點亮林仔街律動的文采，以文會友的傳統，使員林地區（燕霧、武東、武西三堡，現爲員林、大村、永靖、埔心等鄉鎮）學風大啓而人文薈萃。

在交通設施中還畫了「西螺大橋」，從北邊的橋頭看過去，橋上有用走的行人、騎摩托車、騎腳踏車，是非常寫實的景色。這座建構在一九五三年的大橋，曾是是東南亞最長的大橋，位於一號公路上，橫跨濁水溪下游接通雲林彰化兩縣，溝通南北的交通，這座橋施並錫於一九八九年曾畫過一次，圖像

錄在《畫說福爾摩沙》[16]書中，這張畫於二○○七年，前圖繪畫的角度是側面，從南岸看向溪州的方向，在〈長橋橫跨溪兩岸〉中說：「……動筆揮毫之前，先吃了一大塊西瓜解渴。突然覺得西瓜的綠皮紅肉，蠻像眼前的綠地紅橋。於是有了綠、紅搭配的色彩計劃。原本紅、綠對比色的搭配，最忌面積與強度相同，如能一方多，一方少，則較易搭調。設若有恰如其分的中性介色，更能達成對比的調和。本畫作的中性介色，分佈在天空色域。」[17]這段話已說明紅、綠用色的技巧，以及爲何用紅、綠兩色的動機，也是畫家創作的心理。

所畫的人文景觀還有：鹿港的意樓、溪湖的糖廠、西螺大橋、社頭的清水岩、羅厝的天主教堂、伸港的福安宮、福興的米倉、林先生廟等地景，這些地景是關於產業經濟、宗教文化、水源開發等事宜。在在顯示施並錫對彰化縣的歷史文化是相當熟悉，至少在歷史文化景點的選擇上是正確的，這些景點分布在彰化縣各個角落，寫著歲月的滄桑與文化的變遷。詩人李敏勇在〈我們的島在記憶中也在現實裡〉寫著：「施並錫是台灣在自我認同的覺醒中努力用心擁抱自己國土的畫家。他描繪風景，但不僅僅在純粹的風景中徘徊，他深觸風景中的人、事、物，使風景的意義從地理性擴張到歷史性；他加入了現實的精神，讓風景中呈現出台灣悲傷與歡笑，哀愁與憤怒。」[18]這段話是對他畫歷史古蹟與人文景觀作品中，最貼切的詮釋，也是最好的印證。

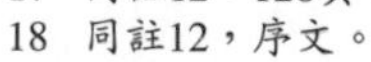

16 施並錫：《畫說福爾摩沙》，望春風出版社，2000年10月，126-129頁。
17 同註12，128頁。
18 同註12，序文。

▲ 施並錫〈王者之弓　漁港即景〉。

▲ 施並錫〈百果山之晨〉。

三、透過田野風光發現鄉土之美

水彩畫家張煥彩（1930～2009）曾說：「只要心中有愛，每個角落都是動人的畫面。」[19] 一個藝術家對自己的土地有愛、對同胞有情，山光水色都是美麗的。其實大地是自然風光與人文情懷，是母親的象徵，彰化詩人吳晟把土地與母親結合在一起，他以《吾鄉印象》描寫土地的情懷，以《農婦》寫鄉下母親的生活，然而這兩本書是寫台灣農村的生活樣貌，在施並錫的眼中，吳晟的老家是台灣農村的代表，他畫〈吳晟的老家〉樹下的四合院，屋簷下有農婦坐在其下，門前有小小的菜園與樹林，是一棟充滿詩情畫意的傳統農舍。

這棟古樸的房屋，夏日，屋前的樟樹林內，蟬的鳴叫夾雜鳥的啼聲，畫家的彩筆不停的揮毫，汗滴混著泥土的芳香，在樹林內飄落，覆蓋紅瓦的三合院，在豔陽的照射下靜靜的守候濁水溪下游北岸的村莊。圳寮，顧名思義是因爲要看顧水圳所搭建之寮房，這個地方有一條莿仔埤圳，引入濁水溪之水來灌溉，後來人口聚集成爲圳寮村。這邊的居民以鄭、陳、謝、吳姓居多，以種植水稻爲主要的事業，村民非常勤勞，農閒以做水泥工爲副業，詩人吳晟就住在這個村落除做一位生物老師外，課暇從事農耕工作。

畫家彩筆下的老屋充滿著詩情，這屋子的詩人以現實主義的手法，描寫鄉土事物而扎根土地，以詩來捍衛家鄉，展現台灣人儉樸勤奮的耕作精神，望著這棟老屋，再來閱讀詩人吳晟寫的〈泥土〉：「日日，從日出到日落／和泥土親密爲伴的母親，這樣講—／水溝是我的洗手間／香蕉園是我的便所／竹蔭

19 施並錫：〈緬懷與感恩〉，《巡禮故鄉的平實彩筆》。

下，是我午睡的眠床／沒有周末，沒有假日的母親／用一生的汗水，辛辛勤勤／灌溉泥土中的夢／在我家這塊土地上／一季一季，種植了又種植／日日，從日出到日落／不知道疲倦的母親，這樣講／清爽的風，是最好的電扇／稻田，是最好看的風景／水聲和鳥聲，是最好聽的歌／不在意遠方城市的文明／怎樣嘲笑母親／在我家這快田地上／用一生的和汗水，灌溉她的夢」，當我們看見吳晟的家，閱讀他的詩，當可了解鄉下人與土地的關係。

對於出外人「火車」是鄉愁的象徵，施並錫有一幅畫〈望鄉〉[20]是描寫兩個年輕人沿著鐵道走累了，坐著小憩的圖像。另有一幅〈經過濁水溪畔的集集線〉[21]的作品，是在離綠色燧道不遠的地方的晨光中，登在山丘遠眺，看見綠油油的溪畔，遠樹含煙、翠地蒼茫，一列吐白煙的火車駛過，然而集集線在彰化經過了二水，在此集中施並錫收錄了〈集集線的火車〉[22]二水地區有縱貫鐵路經過，一般人稱縱貫鐵路的火車爲「大線火車」，而集集線的小火車稱「七分仔車」，而台糖火車一般稱「五分仔車」，畫家這幅作品是火車沿著山腳下，經過行道樹與椰子樹，開往集集的路上，望著平原上飛馳的火車，勾起許多不同的人，有不相同的回憶………。

二水有一個龍仔頭山，而「鼻仔頭」是二水鄉的地名，轄區中有十二個聚落，包括頂厝仔、龍仔頭、挖仔內、魚池仔、苦苓腳……等一帶，這個地方是台灣三大古圳之一的八堡圳的圳頭，又是彰化縣最南端的一個聚落，是濁水溪離開山區的隘口，也是濁水溪沖積平原的扇頂。

20 同註14，22頁。
21 同註14，99頁。
22 同註1，39頁。

▲施並錫〈綠滿前村〉。

▲施並錫〈董坐製硯〉。

被稱爲「龍仔頭山」的這座山崗，又稱「鼻仔頭山」，背山面水，地理自然天成。據說這座山被命名爲龍仔頭山，是因爲二水這個地方是好地理，才會孕育出一位副總統謝東閔先生。這個山明水秀的地方，也是前山通往水里、埔里、竹山、鹿谷、南投和南北商旅必經之地。

濁水溪自南投民間轉向西南，橫切八卦山形成民間斷崖，從猴嶺仔、清水尾一直延伸到龍仔頭山，形成橫斷面如刀削的峭壁，山勢非常峻秀，但山形看起來如墓碑，被鄉民稱爲「墓碑山」。此集中施並錫收錄了〈龍仔頭山〉、〈龍仔頭山前蒼翠村〉、〈群山邐東田無垠〉[23]等作品，這些山明水秀的田野風光，令人想起二水作家王白淵（1902～1965），是詩人也是畫家，他的思想先進見識超拔，面對故鄉如此描寫著：「你青色的血液浪擊我的胸懷／追趕春風的悸動／訴說我的心坎……」（田野的雜草）；在〈春晨〉他說：「遠方的山巒抬起興生惺忪的臉／五月涼風恣意吹來／光輝普照靜—謐的春晨……」；在〈晚春〉又說：「似晨又似黃昏之際／是故鄉村郊的夕景／中央山脈比夢還淡／濁水溪流貫遠……」。春意盎然的春天，觸動他對生命的寧靜的體會，在面對家鄉的美景，他與大自人合而爲一的境界，讓人心動。

爲了發展觀光產業，政府常會在特定地區，做一些人工造景工程，在沿海地區的王功港，當年社區營造以「王功甦醒」爲主題，投入了財力與人力，比如在後港溪上建構「生態景觀橋」，由於兼具造型與功能的獨特性，因此該橋入選日本Review雜誌SD空間設計獎，還獲得「二○○五年台灣建築首獎」[24]，成爲彰化人的驕傲，另外在王功港出海口，建造了

23 同註1，36-38頁。
24 翁金珠：《愛上彰化》，彰化縣政府，2005年11月，13頁。

「王者之弓」[25]景觀橋，吸引了許多遊客與藝術家的眼光，許多攝影家、畫家都以「王者之弓」爲對象去創作，施並錫，也以〈王者之弓　漁港即景〉畫了港邊及橋的景觀。若從繪畫技巧來看，畫家王輝煌有這樣的評論：「王者之弓壓低的地平線，將藍色的拱橋推入雲霄，不同色階的藍表現了堅實的橋與柔和的天。橋上歡愉的過往人群、橋下好友的聚首談心、水上忙碌的載客船筏，呈現了旅遊王功的多樣選擇。畫家將冰冷的硬體建築，用活潑的點景人物軟化僵硬的壓迫感，無論色彩、構圖或內容都可看到畫家的匠心獨運。」

看到這座橋，會以現在與過去做一個對照，想起王功的歷史，會想起林沉默的一首詩：「風頭雞，水尾狗。三更啼，四更哮／／……古早早，王功港，慶呱呱……東北風，吹吹煞……風姑娘，愛唱歌，風飛沙，點袂煞……青青蚵，粒粒大／／海口味，無底看。漁文化，若開發。在地人，會快活。」詩中談到：古早早，王功港，慶呱呱，也寫出入冬後風沙之大的情形。

據說：王功港灣以前有漢人來做生意，因打魚而進入避風雨、休息，甚至定居下來。在明末清初康熙年間（約1660年）就可能有漢人進入王功，這個地方曾經有輝煌騰達的市街，王功有句俗語說：「鹿港有名，毋値王宮三成。」

進入王功港區，就會看到兩座橋，一座橫跨過後港溪的生態橋，另外，這座建造在漁港出海口的鐵橋，漁船出海穿越就像射出的箭，而橋就是弓，象徵著射中目標會滿載而歸。港區的新景點，從橋的南側遠眺過去，橋下有停泊的漁船，碧綠如帶的海堤，北面有聞名的遐邇的燈塔，站在橋上可欣賞夕陽餘

25　翁金珠：《發現美麗與感動》，彰化縣政府，2004年12月，15頁。

▲施並錫〈王功蚵女〉。

▲施並錫〈米粉工廠〉。

暉，看海鳥歸巢與三輪車載回鮮蚵，享受陣陣的海風吹拂，足以放鬆心情拋棄煩惱。

由鹿港搬入員林居住的施並錫，對員林地區重要地景，也是旅遊勝地的百果山，有相當重的著墨，畫了〈百果山之晨〉、〈百果山〉、〈綠滿前村〉等三幅作品，去表現當地的美麗風光與地區文化。

前兩幅畫都把日本人建造神社的鳥居，置入圖面上，使讀者不得不去思考畫面上景觀存在的意義。日本治理台灣，為了「皇民化」台灣人，建造了許多神社，在殖民地的神社誰也不能冒犯，參道旁種許多樹木，穿過兩座鳥居，神社周圍種植了許多櫻花，如今變成日本人侵占台灣最有力的印記。

邱美都的村史寫著：「平台前，南面立著一隻奔跑中的黑色銅馬，比率相同的銅馬基座比人高，看起來活力十足，這隻銅馬是日人眼中的天馬或神馬，……劉松壽口述，銅馬原本設在員林公園內，一九四〇年員林神社落成後，被移到神社前。」依地方耆老流傳一則傳說，日治時期銅馬移到神社沒多久，有民眾在夜裡看見白馬在水源地奔跑，還聽過馬鳴聲，所以流傳這匹銅馬很有靈性。日本神社現已拆除，現改為浩然台，做忠烈祠，只留下神社參拜步道與石燈籠、銅馬及獅座。

日人要表現神社的尊嚴，把神社當做莊嚴的聖地，神社的環境空間，選擇在神聖清靜之地，脫離街市塵囂，俯瞰保佑聚落，也兼具駕馭權威的山上或是依勢的山腰，畫家為了讓台灣人不可忘記被殖民的歷史，特別選擇鳥居入畫，鳥居由二根大圓木左右成門狀，一根最粗大圓木在上端，粗圓木下加一根橫木支撐，橫木掛著粗草繩。入口後走幾步，兩隻灰泥面南高麗犬，端立參道兩旁，經過高麗犬後向北爬幾個參道階梯，轉向東長長的參道階梯至少有兩層樓高，左右立著不少灰泥做的

宮燈。宮燈的柱子上刻著有貢獻者名字，詩人錦連曾告訴筆者說：「日本人戰敗之後，國民政府來台時，許多捐獻者，把宮燈上的名字除掉……」從這個動作上，我們來猜測日治時代捐獻的人，戰後是否有會對國民政府來捐獻？

在百果山上，走過通往神社的道路上，讓人想起日治時期的故事。

〈綠滿前村〉卻流露出一則油桐花的故事，這張圖像是畫百果山上的虎蹄坡：虎蹄坡，聽說是一個地理風水極佳的地方，林木蒼翠，是居民早晨爬山散步的好地方，散步過程中，許多人交換著生活經驗，這個山頭以前長滿著各類水果，有荔枝、楊桃、番石榴、鳳梨……等，因此得名「百果山」，這個山上還有許多油桐花、百年老樹。

臥龍坡四、五月湧進賞油桐人潮，以雪白帶紅紫的鮮花，舖成綿長的花地毯，迎著登山客。九月，步道千年桐開著簇簇雪白桐花；淡淡山風使雪花飄然旋落，九月的桐花，給晨間山色帶來生鮮光采。

油桐在一九一五年，由「圖南株式會社」從中國引進台灣，取其種子榨製工業油，桐油油質是乾性，具防水的特性，曾應用於水壩和船舶的防水塗料，美濃紙傘就是用桐油作爲防水塗料。

新一代詩人曹武賀說：「一九七〇年代，有批商人在全台穿梭以提供種苗保證收購爲餌，鼓勵農民將果園改植油桐。油桐籽成熟了，農民期盼三年終於有了成果，然而商人始終未出現，豐收的喜悅變成沉重的負荷，在灰心之餘，任其荒廢於山林。廢棄的油桐樹在低海拔的次生林中迅速繁衍，往日的沉重辛酸，經漫長歲月的醞釀，而今卻又是如此的香醇迷人。」

在這個田野風光系列裡，如〈沃野千里蕉展葉〉傳遞出

▲施並錫〈老樟樹〉。

▲ 施並錫〈跑水祭〉。

這片土地的富饒景象，遠遠的山丘，近處的香蕉樹，看出了鄉村的美麗景色。〈清晨的東山〉、〈早晨的陽光〉除了寧靜之外，山腳下的農民們忙著耕種。而〈野趣〉繪出水牛、農夫與白鷺鷥，置身田野間的樂趣。〈風和日麗山含笑〉是安詳與知足的表達，這些具有詩情畫意的作品，或許隱含著畫家的理想與期望，就如施並錫在他的大作《天天約ㄏㄨㄟˋ》[26]的封底上說：「讓我們一起編織夢想，美麗的故事印在心中」。

四、以人道關懷去記錄常民生活

藝評家蘇振明說：「眞誠的藝術，不僅是作家個人的心靈圖像；也是社會時代的反射鏡。」[27]又說：「身爲一個台灣藝術家，我們必須抱持『藝術反應社會』的理念來面對我們的藝術創作：因爲藝術唯有作爲社會、土地族群文化的見證與反省，這樣才能讓藝術品成爲族群同胞共同的精神符號與心靈記憶。」[28]一個藝術家的創作意識，決定其作品的取向，具有悲憫關懷的藝術家，與土地、族群、人民共同呼吸，表現出自己土地的心聲，其作品將成爲族群的共同記憶。

施並錫曾在《橘園茂纍》[29]中說：「凡藝術家或文史工作者或知識分子，應當思量在流嬗的歷史當中，我們文化傳承在那裡的問題。」因此，在〈流嬗大地〉作品，充分顯現建構台灣時代及歷史圖像之企圖心，他主張藝術家必須對人類終極關懷。這位具有人道主義思想的藝術家，用他的圖像去記錄鄉親的常民生活。

26 施並錫：《天天約ㄏㄨㄟˋ》，前衛出版社，2009年8月。
27 蘇振明：《台灣人文圖象》，台南縣立文化中心，1998年5月，2頁。
28 同註25，125頁。
29 施並錫：《橘園茂纍》，前衛出版社，2001年4月，238頁。

當然《走遍半線巡禮故鄉》是〈流嬞大地〉的延續作品，用一種關心的態度走入民間，觀察土地上的各種產業與生活，然後用畫筆記下自己最忠實的感受，在二水地區，他畫〈董坐與製硯〉作品，這位祖傳的工藝家，在在山水間切石雕硯，把石頭變成各種形式的硯台。台灣人稱爲「墨盤」的硯台，打響了二水的產業，或許濁水溪因混濁之水質，產生一種會吸濕氣的烏黑石頭，被稱爲「螺溪石」，以這種石頭雕出的硯台稱爲「螺溪硯」，屬於這種石頭製作的硯台，有一個生動而美麗的傳說，在民間代代的相傳下來。

聽說：在清朝時代，台灣有一位書生苦讀了數十年，準備到京城去考試，臨行前他的母親找了一個「螺溪硯」讓他帶去應試，進入試場發現自己沒帶墨水，情急之下只好用口向硯呵氣，沒想到這個硯台卻生出粒粒晶瑩剔透的水珠來，足以用來磨墨，於是這位考生順利的中舉，且高中榜首。

如果由員林方向進入二水，來到二水的上豐村，在大路的左側就可看到「董坐石雕館」坐落在路旁，工藝家董坐總會說他是住在車水馬龍的地方，工作室的後方臨八堡一圳，而屋前就是公路，公路旁邊又有鐵道，眞是名符其實。

筆者寫過董坐一段打油詩：「董坐，懂坐，雕石打坐，且做且過，雕石入定，石頭變成佛祖，來顧腹肚／／董坐，懂坐，知行知坐，石雕工作苦在口中，樂在心頭／／螺溪石頭經過董坐的手，個個都能成佛，都被石癡收走，排在自己的案桌／／董坐，懂坐，耕石成硯，硯可磨墨，石頭的命運掌握在董坐之手，不被董坐看上眼的石頭，都被混濁的溪水流走，沉入海底永不回頭。」[30] 這該是董坐與螺溪石的關係，最爲貼切的

30 康原：《花田彰化》，愛書人雜誌，2004年7月，122-123頁。

▲ 施並錫〈百果山〉。

▲施並錫〈東山農家〉。

詮釋吧！

站在石雕館後面的工作室，專心的切石頭，把需要的石材取出來之後，一些切石之時留下來的石膏回饋給大地當爲肥料，幽默風趣的董坐懂得雕石打坐，館內的精品總是在他的巧手中完成。

然後，施並錫畫〈王功蚵女〉的圖象，這是筆者家鄉鄉親，看到此幅作品，筆者聯想到〈青蚵嫂〉[31]唱著：「人e阿君是穿西米羅，阮e阿君是拾青蚵……人人叫阮青蚵嫂，欲食青蚵是免驚無……」這是一首描寫討海婦女的心聲的流行歌謠，在沿海地帶養蚵的人都能哼唱，來到王功看到婦人圍繞在蚵桌前剝蚵，自然會想到這首歌，這幅作品畫出剝蚵的情形。

養蚵人家有一句歇後語：「鹹水潑面有食無剩。」意思是：討海人下海去捕蚵，鹹鹹的海水潑在臉上，所賺的錢只是餬口過日子，沒有辦法留存下來，平常生活總是「食前做後」，必須先去店舖賒帳，等到家裡有收成才拿去還債，或在住宅處養兩三隻小豬，等到豬長大賣掉才去還債，於是傳統唸謠唱著：「飼雞顧更、飼豬還債、飼牛拖犁，飼後生留惦厝內底，飼查某子別人e。」從這首唸謠可看出鄉下人的生活情況，也看出以前農業社會重男輕女的觀念。

早期下海去撿拾蚵必須用人工挑，沒有牛車或三輪車運送，挑回來之後雙腳酸痛，連上大號都不能蹲，所以有「一日落海，三日袂放屎」的諺語，可見諺語與唸謠的產生，都跟生活有密切關聯。因此種田的人常說：「一粒米，百粒汗。」我想蚵民也是「一耳蠔，百粒汗。」從這張作品讓我們想到漁民生活的滄桑與勤勞。

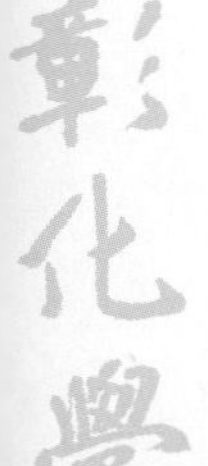

31 陳郁秀：《音樂台灣》，時報文化出版公司，1996年12月，183頁。

畫家王輝煌對〈王功漁女〉作品的看法是：「蚵女們圍坐一圈，聚精會神的忙著剝取鮮蚵，雖然衣著有鮮豔有灰暗，帽子的形狀色彩也各不相同，但每個人物都展現歷盡風霜、勤奮強韌的生命力，將典型的討海漁村景象表露無遺。從遠處的水岸、漁船、彎腰的人到前面的四位人物的安排，形成環環相扣的畫面，讓觀者的目光無礙的游走畫面，又是處處豐富、充滿驚奇。尤其對人物身分角色的詮釋，透過強有力的線條和濃厚的鄉土色彩，更可看出畫家深植內心的人文關懷。」畫面就能讓人感受到生活的情境。

芬園鄉楓坑村，爲八卦台地「九坑十八寮」之一，丘陵地形之坑谷，早期因坑谷內生長茂密的楓樹，深居楓樹坑裡的聚落，帶點詩情的意境，早年製造米粉因此被稱「米粉的故鄉」，形成一個旅遊的好景點。八卦山怡人的風景，加上貓羅溪甜美的水質，讓楓坑米粉聲名遠播。米粉主要原料是在來米，把米泡一個晚上溫水後磨成漿，瀝乾，就費掉兩天，第三天開始搓揉，放進蒸籠蒸到半熟，搗碎後再搓揉，放進米粉筒裡，一條條的米粉絲就出來了。以前，新竹米粉和楓杭米粉的製作過程相同，如今，新竹米粉將米粉蒸熟，而楓坑米粉則是水煮，再經風吹日曬。

施並錫畫了楓坑的〈米粉工廠〉記錄這些做米粉的生活情況，在有點黑暗的室內，有三個人埋頭苦幹的工作，牆壁旁邊置放一些米粉。米粉是筆者童年的記憶，與筆者同年的施並錫想必也有相同的體驗。台灣有句俗話說：「米粉炒結甲飽。」表示米粉好吃之外，以前物質匱乏，平常吃甘藷，若有宴客時，第一道的菜就是「炒米粉」，小孩子只要吃下三碗米粉再喝一碗黑松汽水，也就飽了。另外鄉下常聽到一句俗語：「頭殼暈米粉神，腹度痛麵線命。」也就是在我們小時候，小孩如

▲施並錫〈圓滿〉。

▲施並錫〈益源古厝〉。

果感冒，常常會有頭暈或腹痛的症狀，只要吃下米粉或麵線湯後，蓋著綿被就不藥而癒，因小小傷寒休息後病就好了。

新竹米粉的製作方式較能保留米粉原有的米香，而楓坑米粉以水煮方式，增加米粉的涵水量，口感較Q。楓坑村的米粉俗稱水粉，新竹米粉則叫炊粉，兩者之間的差別在於水粉經過滾水煮熟，新竹米粉則是蒸熟的。水粉比較滑嫩有口感，但是新竹米粉比較有香味。楓坑米粉以其天然甘甜的水質資源生產出滑溜順口的米粉，有別於風城新竹炊粉。

在產業的地景上，施並錫畫了〈糖廠〉：圖面上有一支巨大的煙囪，兩棵椰子樹與一些古老的廠房。看到糖廠巨大的煙囪或火車，心中就有一首唸謠：「火車鉤甘蔗，黑貓卦目鏡，煙炊頭損袂疼。」這裡的黑貓就是稱美麗的女孩，那爲什麼「煙炊頭損袂疼」？也就是許多小孩都會偷吃製糖的甘蔗，若被大人抓到常會被修理，但愛吃甘蔗，被打了也不敢說痛。

「溪湖」在史書上的記載是：「『溪』是指乾隆年間的『大突溪』，也就是現在所稱的『舊濁水溪』或稱『東螺溪』；而湖是指『崙仔厝湖』和『沙仔湖』，現在已經不存在了。」所以說：「溪湖的確是因大突溪與崙仔厝湖、沙仔湖而得名。」傳說是由東螺社babuza（巴布薩）平埔族人命名的。

一九一九年鹿港商人辜顯榮，在溪湖創建溪湖糖廠，這個地方變成產糖的地方，直到二○○二年此支煙囪黑煙吐盡，製糖走進了歷史，煙囪，留下日本人剝削台灣人的印記，畫家爲我們保存在畫面上，訴說著日本人所說：「台灣蔗糖史就是日本人剝削台灣人的歷史。」

另外還畫了〈福興米倉〉[32]來見證彰化縣是台灣的米倉。

32　同註10，218-221頁。

如果說：「一粒米，百粒汗。」那麼，穀倉就儲存了許多農民的汗滴。這棟穀倉是屬於福興鄉農會，在大正十三年（1924）時隸屬台中州，那時是做爲收購福興地區稻穀的經營穀倉，兼營碾米工廠，這棟穀倉見證台灣稻米加工封存的歷史，是台灣農業文化的重要代表作品，古老建築反映某一歷史時空背景與生活情境。

這些以木造或土造爲主要架構的建築物，在過去當米庫、及碾米廠、稻米儲存倉庫，曾經在九二一大地震時嚴重損壞，後來向經濟部商業司爭取一億元經費，整修後規劃爲「地方產業交流中心」，並將一些倉庫規劃爲客棧、展示中心、簡報室……等多功能使用空間。

面對十座整齊劃一的窗戶，想起幾句詩句：「散發出米香的稻穀餘味／穿越過日治時期到戰後／金黃的稻穀／在戰亂中驚惶失措／那段堆滿金黃的日子／已隨太陽滾落西山……」。這裡已經不當穀倉了，如今變成遊客回顧記憶的景物，讓參訪者去想像歷史的空間……

人有工作也必須要休閒，假日裡許多人會尋訪名勝古蹟，社頭的清水岩除了是古寺之外，是一個休閒活動的好地方，這邊有一個遊樂區，許多人到這裡尋幽訪勝或休閒烤肉，施並錫畫下〈二棧坪的盛會〉作品。社頭清水岩在現代詩人蕭蕭的眼中：「清水岩，不是金碧輝煌的觀光名剎，沒有潔淨的大理石地板，亦乏聳天的龍柱、高啄的簷牙……她只是一座古廟……穩穩實實坐在山村裡，坐在我們內心深處，隨時在我們落淚時給我們安寧，給我們撫慰……。」這是蕭蕭對家鄉清水岩最貼切的詮釋。

清水岩建造於乾隆年間的廟宇，在《彰化縣志》的記載是「岩左右，青嶂環繞，樹木蔭翳，曲徑通幽，邱壑之勝，恍似

▲ 施並錫〈流金歲月〉。

▲施並錫〈二楼坪的盛會〉。

圖畫。春和景明，野花濃發，士女到崖野覽，儼入香園矣！」畫家這張作品繪出了詩的境界。

到清水岩訪幽，一定會看到一塊「滴水清心」的石碑，旁邊有一口甘露泉，寺中還有一八三三年由朱英敬獻的「慈雲廣被」古匾，與一八八四年住持僧敬獻「清水春光」的匾額，現在已是重要的歷史文物了。

提到這些古匾，讓人想起詩人黃驤雲以〈清水春光〉為題，所寫一首七言律詩：「到處尋春未見春，原來春在此藏身。山都獻笑齊描黛，溪但浣花不著塵。竹響又喧歸浣女，桃開慣引捕魚人。仙岩清水傳名字，果有香泉似白銀。」[33]這首詩有山景與溪水的情境，這種「不著塵」的環境，又有「竹響、桃花」引人遐思……在清水岩的遊樂區中，最多的樹為相思樹、樟樹、楓樹、楠樹、梧桐、荔枝、楊桃等，因綠樹成蔭而鳥聲不絕於耳，這個地方常見野鳥有白頭翁、繡眼畫眉、小彎嘴、竹雞、山紅頭、斑鳩、綠繡眼、五色鳥等。

這片寧靜的森林，有人來散步調整心情，呼吸新鮮空氣，也有來此參家露營活動，這群人坐在樹蔭下寫生，繪出他們心中美歷的風景，繪畫的地方是一條登山步道上的一個景點，烤肉、聊天、看山下的村落，領略大地之美，在風光明媚中，迎著微微的風，感受人生的詩意與風情。

尋幽訪勝的畫家，在一片碧綠的叢林下，以紅色的對比色調，把寫生活動的人群與靜止的綠樹呈現在畫面上，從樹叢中眺望出去，是一個寧靜的聚落，這個地方就是社頭，仔細看有高速鐵路的火車經過，在那個樸素的小村落有如人間的仙境。

同樣是屬於休閒活動，施並錫畫了〈老樟樹〉與〈大樟

33 周璽：《彰化縣志》，台灣省文獻會，1993年6月，494頁。

樹〉兩幅作品，地點都在芬園。芬園鄉早期屬平埔族貓羅社的場域，在八卦台地之東側斜面，東臨烏溪支流的貓羅溪。清朝時期這邊種植煙草，故得名芬園。這棵號稱四百年的樟樹，就長在芬園鄉而見證台灣的歷史，庇蔭許多鄉間居民，爲村莊的守護神。

記憶中樟樹下有老人聊天，聚集許多小販，樹旁的廟宇香火頂盛，但每次看到樟樹，我就想起小時候「拍甘樂」（打陀螺）的情景，要玩陀螺就必須去砍柴，而做陀螺最好的木材是樟樹，因此有句台灣諺語：「一樟、二芎、三蒲姜、四苦苓，芭樂材無路用。」又說：「樟勢吼、芎勢走、芭樂材車糞斗。」這兩句諺語都說明了樟樹這種木材做陀螺的優點。

我曾經寫過一首歌〈干樂〉：「干樂／干樂／愛迌迌／廟埕黑白趖／干樂／干樂／愛澎風／惦廟埕旋鈴瓏／一支腳眞勢走／無生啄閣大聲吼」[34]，來描寫陀螺的形態與在廟宇打陀螺的情形。

樟樹是常綠大喬木，呈圓形樹冠，樹皮暗褐色，有縱裂的狀態。綠油油的葉表面光滑，葉革質互生，卵形或橢圓形，牠是一種雌雄同花，開的是黃綠色小花，圓錐花序腋生於枝頂端，這種樹會散發特殊的特有香氣。

樟樹與陀螺的記憶已經深植在我的腦海裡，永遠不能忘記。曾經在施並錫教授的《畫布之外》讀過他的一篇文章〈從檳榔樹看透台灣性格〉，文中指出台灣人的戇直、易脆、淺根、愛面子的諸多缺點，說台灣人不節外生枝，但色厲而內荏，對台灣文化根淺，又喜愛面子。但這次看到畫家以樟樹入畫，不知道是否也可以寫一篇〈從樟樹看台灣……〉的文章？

34 康原：《台灣囡仔的歌》，晨星出版社，2006年11月，32頁。

▲施並錫〈員林天主教堂〉。

▲施並錫〈西螺大橋所見〉。

台獨理論教父史明先生，寫過一本《台灣四百年史》，詳細的記錄這塊土地的生活滄桑，寫下台灣人代代傳承的際遇，有些先祖已經離去，但這棵與台灣歷史並壽的樟樹，矗立在我們的土地，經過風吹雨淋與政權更遞，牠仍然堅持不願離開土地，守護延綿不絕的子孫，爲我們營造綠的大地。

粗獷而帶點老態的樟樹頭，許多人喜歡靠近它，坐在樹根上聊天。「講天、講地、講懸、講下，罵不使鬼的政客，嘛也使罵皇帝，講甲歸布袋。」在蔭涼的樹下小睡片刻，做台灣獨立的美夢，唱〈有夢最美，希望相隨〉的歌謠。

台灣有一句俗語說：「食果子拜樹頭。」每一個人都必須學會飲水思源，像這棵樟樹牠有驅蟲的能力，台灣有許多害蟲，須要像這棵老而彌堅的樟樹頭，能除各種蟲類，然而我們也必須了解，在歷史上爲台灣除害群之馬的先賢，比如在文化界的：蔣渭水（1890～1931）、林獻堂（1881～1956）、賴和1894～1943）……等先賢，學習這些典範人物的處世原則，把他們的精神風範發揚光大，才能獲得「拜樹頭」的意義。

二水八堡圳是南彰化開發的重要水源，在彰化開發史上的「南施北楊」之說，南施是講開發八堡圳的施世榜，水圳開通之後有一個「跑水祭」的活動，近年來文藝季活動又做這個活動，施並錫也畫〈跑水祭〉保留這種民俗活動的儀式。彰化有「母親之河」的八堡圳，是灌溉彰化平原的重要圳渠，使彰化平原有富庶的「台灣米倉」之譽。傳說當年八堡圳建造完成時，選擇良辰吉日舉行圳頭祭，這個祭典儀式留傳至今，演變成二水跑水祭的活動，通常把這個儀式稱「祭水禮」或「通水祭」，爲緬懷先賢開鑿水圳的恩澤。

跑水祭儀式看似簡單，實際進行過程中，因水流控制不易，圳水瞬間洶湧翻滾下來時，跑水者常被大水沖走，是一項

危險的搏命演出。當圳渠開啓木柵欄通水時，祭水人奔跑於水道中，將水由閘門引進新圳道，此稱爲「跑水」或「跑引水」的儀式，畫家捕捉活動傳神的一刻，記錄常民生活的儀式。這個活動立意是爲了宣揚飲水思源，以及有爲善不欲人知的「林先生」。

跑水祭通常於圳頭設置香案，引水者依古禮在頭上綁了紅巾帶，身著蓑衣雙手捧著置在頭頂上牲禮，奮力向前的跑於水道中。當洶湧的圳水快湧下時，岸上的民眾急著大叫「快跑、快跑」，水道中的眾人見大水將至，拔起腿就跑，待依序爬上岸，湍急的圳水已高及腰際，情勢可眞驚險。眾人上岸後，在藝陣舞龍舞獅者的引導下，跟隨跑引水者，前往林先生廟，懷著虔誠的心，向三位開圳功臣：林先生、施世榜先生、黃士卿先生，膜拜致意，以感念這位被稱爲「台灣大禹」的「林先生」的功績及對兩位先人開圳的崇敬之意。

授與圖說與引水方法，教導民眾重行開鑿，並以土木法引水入圳渠，歷時多年圳水豁然而通。鄉人準備千金欲以酬謝，老翁不願意居其功，也無透露姓名，老叟卻已功成身退不知去向，只在兩棵樹木間留下一雙鞋子，因此就稱他爲「林先生」，鄉民爲感念其遺澤而在圳源頭附近，現在的源泉村員集路旁，恭建林先生廟祭祀，迄今已有二百七十餘年，每年中元節水利會與施氏後嗣及當地居民均在此祭拜，以感念其開發水利之恩德；由於施氏興修八堡圳水利之功勞最偉大，故彰化農田水利會例年亦撥款祭祀。依《彰化縣志》記載：「林先生，不知何許人也，衣冠古樸，談吐風雅。」又云：「先生不求名利，惟以詩酒自娛，日遊谿壑間，有觸即便吟哦，詩多口占，

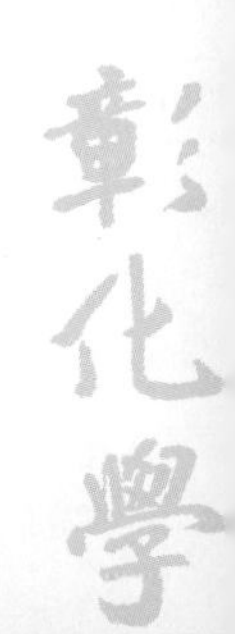

▲施並錫〈錦繡大地〉。

▲施並錫〈羅厝教堂〉。

▲施並錫〈成美堂的維護〉。

▲施並錫〈龍頭山前蒼翠村〉。

有飄飄欲仙之致。」[35]

五、結論：心愛半線，圖說彰化

二〇〇八年施並錫從台北返彰，除了以《走遍半線巡禮故鄉》爲題出版專集，這五十五幅作品，又在文化局展出，同時又成立了「員青藝術協會」，號召志同道合的朋友，從家鄉的土地上出發，走入人群去散播美的意識，努力去發揚恩師張煥彩所說的：「只要心中有愛，周遭任何景物，都是一件美麗的圖像。」因此在行旅彰化的過程中，畫出了屬於彰化人的圖像，這些作品中孕育著彰化的歷史與文化，是以大地爲主軸去創作，仔細的記錄土地上人民的心聲。除了表現美感之外，透過他的作品細訴一些生活理念與意志。施並錫又說：「台灣人對土地認同的精神渙散，因近百年年台灣人受中國、美國、日本、韓國的文化影響，以做台灣人爲恥，這種情形就如同宣告台灣族群的滅亡。」[36] 因此，施並錫希望能建構出台灣人心中的圖像，繪畫能前瞻固本，表現台灣人精神、比如發揚我們的玉山的玉潔與高貴，做爲台灣人的目標。就如他在序文中所說：「藝文，乃心靈力量。透過藝文，吾等挖掘共同記憶，並爲後世保存歷史記憶。」[37] 筆者以爲任何藝術家，都必須爲他的時代留下生活的記錄，爲自己的故鄉畫像，因爲故鄉是每一個人關心的起點，愛鄉是每一個人的權利與義務。

綜觀施並錫畫作的表現技巧與特色：他能充分掌握繪畫對象的本質，下筆肯定準確一氣呵成，不拖泥帶水也不嬌柔做

35　同註31，264頁。
36　2009年9月2日，電話訪談。
37　同註1，6頁。

作。並重視畫面的整體調性，或協調或對比；或變化或統一；或粗獷或細膩；或繁複或單純；或充實或空靈，都能依畫面的需要作完美的處理。能化繁爲簡、去蕪存菁、不拘小節的加入個人的主觀剪裁詮釋，以突現重點、彰顯主題。畫面熱情奔放的色彩與筆觸，給觀賞者很強的震撼與感染力。只因爲他心繫彰化、熱愛彰化，所以以圖像去訴說彰化，成功的激起彰化人愛自己的家鄉的意識。

施並錫有今日的成就，是他認眞生活，努力創作，並持有「民胞物與、仁民愛物」及「無緣大慈、同體大悲」的胸懷，才能體悟到生命的意義。對這個世間他能無所不看、無所不記、無所不談、無所不畫，不僅用圖訴說彰化、畫說福爾摩沙，更用圖去表達生命、批判社會，希望這塊土地能成爲富饒的大地。

國家圖書館出版品預行編目資料

畫家圖說彰化——不破章、張煥彩與彰化畫家／施並錫編著.－－初版.－－台中市：晨星，2010.06
面；公分.－－（彰化學叢書；028）
含參考書目

ISBN 978-986-177-369-8（平裝）

1.人文地理 2.圖錄 3. 彰化縣

733.9/121.4　　99004458

彰化學叢書 028

畫家圖說彰化
——不破章、張煥彩與彰化畫家

編著　施 並 錫
主編　徐 惠 雅
排版　林 姿 秀
總策畫　林 明 德 ・ 康　原
總策畫單位　彰 化 學 叢 書 編 輯 委 員 會

負責人　陳銘民
發行所　晨星出版有限公司
台中市407工業區30路1號
TEL：04-23595820 FAX：04-23597123
E-mail：morning@morningstar.com.tw
http：//www.morningstar.com.tw
行政院新聞局局版台業字第2500號
法律顧問　甘龍強律師
承製　知己圖書股份有限公司 TEL：（04）23581803
初版　西元2010年06月23日

總經銷　知己圖書股份有限公司
郵政劃撥： 15060393
（台北公司）台北市106羅斯福路二段95號4F之3
TEL：（02）23672044　FAX：（02）23635741
（台中公司）台中市407工業區30路1號
TEL：（04）23595819　FAX：（04）23597123

定價 350 元
ISBN 978-986-177-369-8
Published by Morning Star Publishing Inc.
Printed in Taiwan

◆讀者回函卡◆

以下資料或許太過繁瑣，但卻是我們了解您的唯一途徑
誠摯期待能與您在下一本書中相逢，讓我們一起從閱讀中尋找樂趣吧！

姓名：別：□ 男□ 女生日：/ /

教育程度：＿＿＿＿＿＿＿＿＿＿＿＿＿＿＿＿＿＿＿＿

職業：□ 學生　□ 教師　□ 內勤職員　□ 家庭主婦
□ SOHO族　□ 企業主管　□ 服務業　□ 製造業
□ 醫藥護理　□ 軍警　□ 資訊業　□ 銷售業務
□ 其他＿＿＿＿＿＿＿＿＿＿＿＿＿＿＿＿＿＿＿＿

E-mail：＿＿＿＿＿＿＿＿＿＿＿＿＿＿ 聯絡電話：＿＿＿＿＿＿＿＿

聯絡地址：□□□＿＿＿＿＿＿＿＿＿＿＿＿＿＿＿＿＿＿

購買書名：畫家圖說彰化——不破章、張煥彩與彰化畫家

・本書中最吸引您的是哪一篇文章或哪一段話呢？

・誘使您購買此書的原因？

□ 於＿＿＿＿＿書店尋找新知時□ 看＿＿＿＿＿＿報時瞄到□ 受海報或文案吸引
□ 翻閱＿＿＿＿＿＿ 雜誌時□ 親朋好友拍胸脯保證□＿＿＿＿＿電台DJ熱情推薦
□ 其他編輯萬萬想不到的過程：＿＿＿＿＿＿＿＿＿＿＿＿

・對於本書的評分？（請填代號：1. 很滿意 2. OK啦！ 3. 尚可 4. 需改進）

封面設計＿＿＿＿＿ 版面編排＿＿＿＿＿ 內容＿＿＿＿＿ 文／譯筆＿＿＿＿＿

・美好的事物、聲音或影像都很吸引人，但究竟是怎樣的書最能吸引您呢？

□ 價格殺紅眼的書□ 內容符合需求□ 贈品大碗又滿意□ 我誓死效忠此作者
□ 晨星出版，必屬佳作！ □ 千里相逢，即是有緣 □ 其他原因，請務必告訴我們！

＿＿＿＿＿＿＿＿＿＿＿＿＿＿＿＿＿＿＿＿＿＿＿＿＿＿

・您與眾不同的閱讀品味，也請務必與我們分享：

□ 哲學　□ 心理學　□ 宗教　□ 自然生態　□ 流行趨勢　□ 醫療保健
□ 財經企管　□ 史地　□ 傳記　□ 文學　□ 散文　□ 原住民
□ 小說　□ 親子叢書　□ 休閒旅遊　□ 其他＿＿＿＿＿＿＿＿＿＿

以上問題想必耗去您不少心力，為免這分心血白費

請務必將此回函郵寄回本社，或傳眞至（04）2359-7123，感謝！
若行有餘力，也請不吝賜教，好讓我們可以出版更多更好的書！

・其他意見：

晨星出版有限公司 編輯群，感謝您！

請填妥後對折裝訂，直接投郵即可，免貼郵票。

廣告回函
台灣中區郵政管理局
登記證第267號
免貼郵票

407
台中市工業區30路1號
晨星出版有限公司

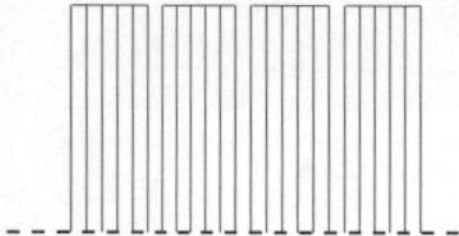

請沿虛線摺下裝訂，謝謝！

更方便的購書方式：

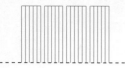

1 網站：http://www.morningstar.com.tw

2 郵政劃撥 帳號：15060393

戶名：知己圖書股分有限公司

請於通信欄中註明欲購買之書名及數量

3 電話訂購：如爲大量團購可直接撥客服專線洽詢

◎ 如需詳細書目可上網查詢或來電索取。

◎ 客服專線：04-23595819#230 傳眞：04-23597123

◎ 客戶信箱：service@morningstar.com.tw

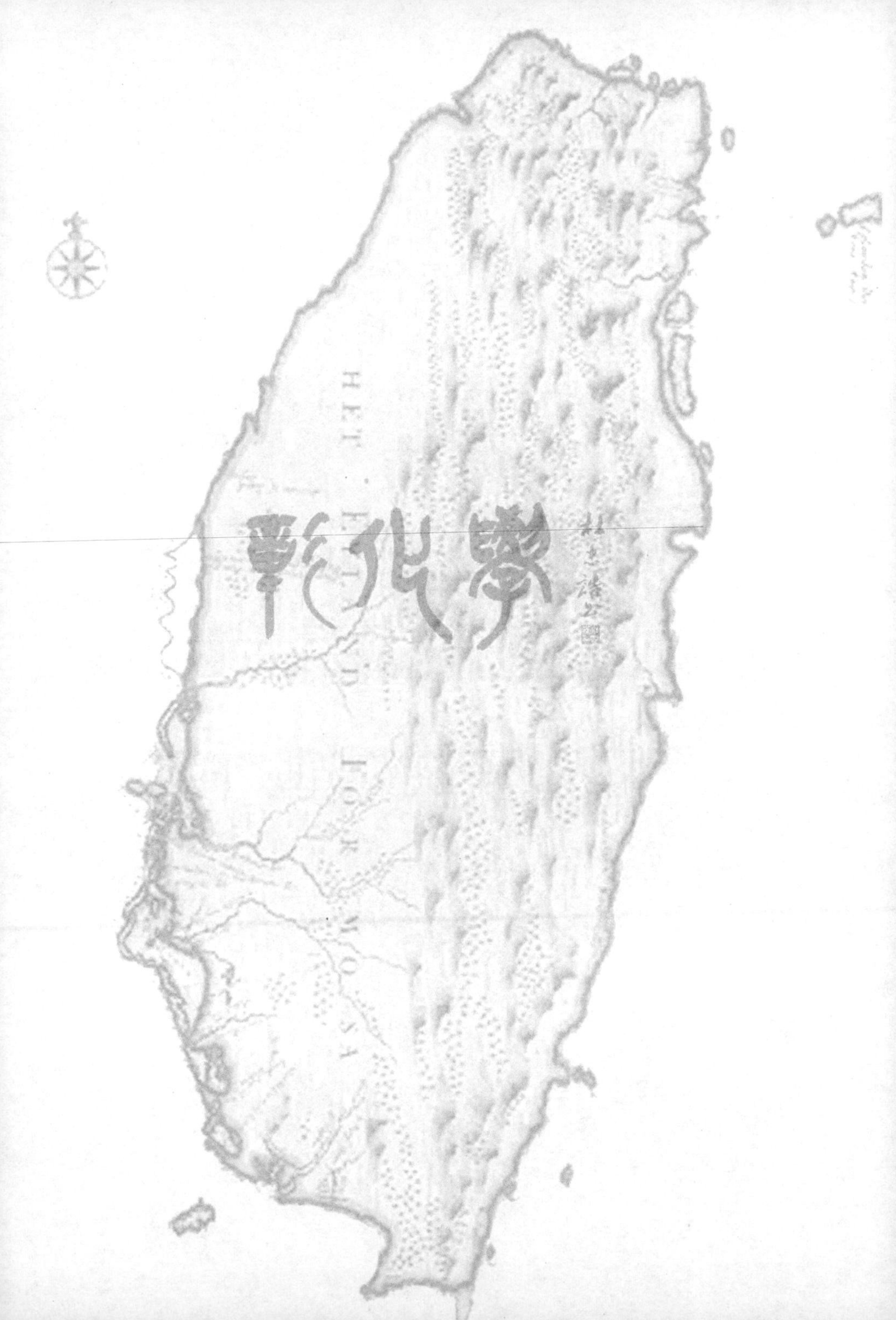

彰化學